AF599173

Souvenirs de Zaze

Isabelle Bouvier

Souvenirs de Zaze

ISBN : 979-10-422-1315-2

Je dédie cet ouvrage biographique à mon fils Sébastien,
mes petits-enfants, ma famille proche et mes amis.
À toutes les personnes qui ont marqué ma vie.
À Joëlle Benchimol pour ses précieux conseils.

Merci pour vos encouragements et votre soutien.

L'amitié véritable a sa tendresse à part, qui ne fait à nos cœurs courir aucun hasard. Je t'envoie des trésors de tendresse et d'adoration, mets-les au plus profond de ton cœur. L'amour naît par la tendresse, et s'entretient par la douceur.

Juliette Drouet,
Lettre à Victor Hugo,
le 25 octobre 1878

Le printemps d'Isabelle

Je suis née au début du printemps quand les fleurs commencent à bourgeonner, le cinq avril 1957 à Varces Allières et Risset dans une petite clinique au fond d'un joli parc. Après avoir hésité entre Martine et Isabelle, le choix de mes parents s'est porté sur ce deuxième prénom.

Ce mois-là, la reine d'Angleterre, Elisabeth II, effectuait son premier voyage officiel en France du 8 au 11 avril 1957. Et une rencontre incroyable, celle de deux adolescents, John Lennon et Paul McCartney, qui allait sceller le point de départ de la création du groupe des Beatles. J'ignorais encore qu'ils allaient devenir des stars.

J'ai grandi à Faverolles, un petit hameau rebaptisé les Brets, près de Vif, à vingt-cinq kilomètres au sud de Grenoble.

Quelques mois après ma naissance, mes parents ont déménagé. Ils se sont installés au Crozet un village proche. Jeannette, ma mère, était garde-barrière. On lui proposait un poste avec la maison. Mes parents ont accepté, mais il s'est produit plusieurs incidents qui leur ont fait penser que cet endroit n'était pas pour eux.

Ils avaient accueilli un chien, un berger allemand qui a tué notre chat et m'a mordu la main alors que j'avais quelques mois. À l'automne, nous sommes revenus dans la maison familiale où j'ai grandi.

Au grand bonheur de mon père qui aimait sa terre, et ma grand-mère qui se sentait seule.

Lorsque j'ai pointé mon nez, mes deux frères étaient déjà là. L'aîné Jean-Claude a rompu tout contact avec la famille depuis plus de trente ans et Gilbert, le deuxième, habite à deux kilomètres de chez moi, nous sommes très liés depuis toujours.

Le premier mot qui me vient à l'esprit par rapport à mes frères c'est benjamine, la petite dernière. Celle qui doit écouter les plus grands, celle qui en sait un peu moins et qui doit obéir.

Adolescente, je détestais la campagne, ne me rendant pas compte de la chance que j'avais de vivre loin de la ville, des bruits et du stress.

Je suis Dauphinoise et il paraît d'après un cousin qui aime bien me taquiner que j'ai un peu l'accent, je prononce quiand au lieu de quand. C'est drôle, ça me fait toujours rire.

Mon signe astrologique est le bélier. Il paraît que je suis enthousiaste, dynamique et pétillante. Parfois trop impulsive. Peut-être un peu têtue.

Pendant de longues années, mon frère Gilbert m'a laissé croire que nous étions parents avec Jacqueline Bouvier, épouse Kennedy. C'était mon grand frère, je croyais ce qu'il me disait.

C'était magique d'imaginer que cette femme magnifique et célèbre était peut-être de notre famille. Il n'en était rien et j'étais un peu déçue en le découvrant plus tard.

Je m'appelle Bouvier, et j'aime bien dire « je suis une Bouvier ! », c'est ma marque de fabrique.

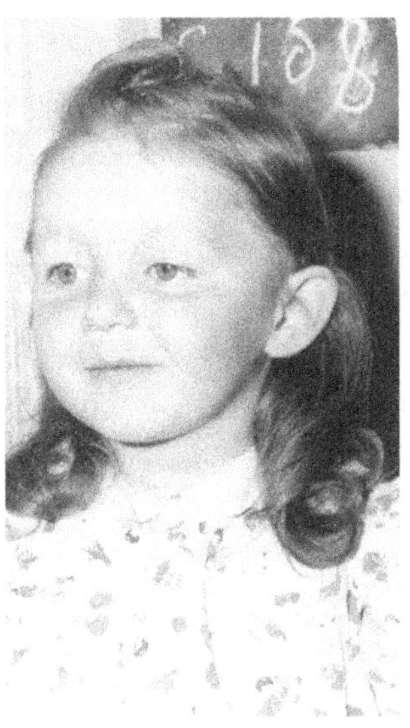

C'est dans les régions Auvergne-Rhône-Alpes, les départements d'Isère, Rhône, Haute-Savoie, que le nom de famille Bouvier est le plus répandu.

À l'origine, c'est un nom de métier, celui qui conduit ou possède des bœufs, issu du latin bovarius. Ensuite transformé en nom de famille.

Bouvier est une : Constellation du ciel boréal, bordée par le Dragon, la Grande Ourse, les Chiens de chasse, la Chevelure de Bérénice, la Vierge, la Tête du Serpent, la Couronne boréale, et Hercule…

Ses étoiles principales dessinent dans le ciel un grand cerf-volant (ou un parachute). J'aime beaucoup, c'est très joli. Ça donne envie de voler.

George Sand a écrit : « Quand une heure du matin fit pencher l'étoile du Bouvier sur le clocher de Toul, le curé s'assoupit dans la prière, et Marcillat s'endormit presque aussi bien que Cadet. »

Le bouvier est aussi un type de chien regroupant plusieurs races. L'appellation bouvier, utilisée vis-à-vis d'un chien, signifiait qu'il gardait les troupeaux de bovins (en général des vaches auprès de leurs maîtres eux-mêmes appelés bouviers).

Cette histoire est basée sur mes souvenirs.

Elle retrace des temps de vie qui m'ont suffisamment marquée pour qu'ils restent ancrés dans ma mémoire.

Je veux les fixer avant que cette fameuse mémoire me joue de vilains tours. J'ai longtemps hésité avant d'utiliser ma plus belle écriture. Façon de parler.

Qui cela va-t-il intéresser ?

Mon fils, mes petits-enfants qui passent leur temps sur l'écran de l'ordinateur ?

Ma famille ? Mes amis proches ?

Et puis je me suis décidée, oui je vais écrire, alors…

Bonne lecture.

1959

Sur la photo à gauche : Joseph, mon père,
Jean-Claude, mon frère aîné ; Jeannette, ma mère,
Gilbert, mon deuxième frère, et moi, 2 ans,
le jour de mon anniversaire, à Grenoble

Nous sommes le 4 décembre 2022 et j'ai décidé d'ouvrir le robinet à souvenirs.

Aujourd'hui, j'habite à deux kilomètres de la maison où j'ai grandi et j'apprécie pleinement le retour aux sources.

Je viens de la campagne.

Ce mot évoque pour moi la liberté, la nature. J'aimais écouter le bruit du vent dans les feuilles et le chant des oiseaux.

La maison…

Notre maison était grande, coquette, chaleureuse et lumineuse.

De plain-pied, une grande cuisine avec un bahut en formica blanc, le formica était très à la mode, une grosse cuisinière à bois qui accueillait dans son four les délicieux gratins dauphinois de ma mère, les tartes et les bons rôtis. Le frigo, et sur le frigo un poisson rouge dans un bocal. Pendant plusieurs années, un poisson y avait élu domicile. Lorsque ce dernier mourait, on en achetait un autre et il y en avait toujours un dans le bocal. Quelquefois un chat essayait de le pêcher, mais en vain heureusement. À côté de cette grande pièce, la chambre de mes parents, et une salle à manger qui restait fermée. Ma mère ouvrait les volets lorsque nous avions des invités.

L'été de mes quatorze ans, j'ai commencé à ouvrir la porte qui donnait sur la terrasse pour laisser entrer le soleil.

Au milieu de cette pièce trônait une belle table ancienne, avec des rallonges.

Elle pouvait accueillir quatorze ou quinze personnes. Lorsque nos invités s'installaient, c'était pour manger dans de jolies assiettes blanches ornées de petites fleurs dorées, posées sur une belle nappe agrémentée de dentelle.

Un grand buffet à portes vitrées recevait de jolis verres à pied, en cristal. Les couverts en argent bien rangés dans les tiroirs.

J'aimais ouvrir la fenêtre qui donnait sur le jardin, au bord de la forêt.

L'hiver, lorsque nous ne recevions pas, on ne chauffait pas la pièce. Dans un mur était encastré un placard.

Ma mère entreposait sa réserve alimentaire et quelques conserves courantes ainsi que de la confiture et des œufs.

Pas de souci de conservation, cette pièce ressemblait à une glacière géante. On y accédait par la cuisine. Il fallait bien surveiller que la porte soit toujours fermée afin de ne pas laisser entrer le froid.

Mais j'adorais manger dans cette salle, cela signifiait que nous avions des invités.

On ouvrait les volets et la lumière entrait à profusion. Si c'était en hiver, on chauffait et c'était magique. D'un coup de baguette, l'ambiance de la pièce changeait et je n'avais plus envie d'en sortir.

En 1972, l'année de mes 15 ans, mes parents ont apporté des modifications aux pièces du rez-de-chaussée.

Une grande salle de bains a vu le jour.

Tout était bleu, la baignoire, le bidet et même les toilettes qui arrivaient enfin dans la maison. Bleues aussi, ainsi que la faïence aux murs, bleue avec des nuages. On n'avait plus envie de sortir du bain, un vrai monde de bisounours !!

Sur la photo, derrière moi, la mobylette de mon père
À gauche on aperçoit un volet fermé.
La fameuse salle à manger que l'on ouvrait
seulement pour les invités.
Sur le haut de la photo, les feuilles du magnifique kaki
Et à droite le volet de la cuisine

Moi devant le trottoir !!

On ne disait jamais la terrasse, mais le trottoir.

L'été on mangeait dehors, sur le trottoir…

À l'étage, nous avions deux chambres, celle de mon frère Gilbert et la mienne.

On y accédait par un grand hall qui faisait office de chambre, avec un poêle à bois pour chauffer tout l'étage.

Deux grandes penderies et une fenêtre avec vue sur la forêt en contrebas de la maison. Je pouvais admirer la cime des sapins.

Toute petite, je dormais au rez-de-chaussée dans la chambre de mes parents et vers neuf ou dix ans, mes parents m'ont acheté une chambre à coucher, et j'ai emménagé à l'étage.

Mes deux frères ont dormi quelques années dans la même chambre, et ensuite mon frère aîné s'est installé dans une petite maison à côté.

C'est aujourd'hui la maison de Gilbert. On l'appelait BASTOS, mon grand-père l'avait acheté anonymement étant en conflit avec le propriétaire qui ne voulait pas lui céder ce bien. Bastos venait sûrement de basta, mot prononcé et déformé par cette personne.

La chambre de Gilbert,
sur le bureau, Christian mon neveu,
le fils aîné de mon frère Jean-Claude

Nous n'avions pas de salle de bains. La toilette avait lieu dans la cuisine, chacun son tour. On se lavait dans une grande bassine et j'aimais regarder les paillettes dorées des bulles d'eau à la surface. Ma mère faisait chauffer l'eau.

Lorsqu'elle était brûlante, elle versait le liquide dans le récipient et la vapeur emplissait la pièce.

Mon père y ajoutait de l'eau froide et quand son tour arrivait nous devions sortir. On posait une grande serviette devant la cuisinière à bois pour la chauffer et s'envelopper en sortant de la bassine.

Au-dessus de l'évier, un miroir rectangulaire accroché avec une chaîne en métal faisait face à mon père qui se rasait avant de partir.

Je l'imaginais quelquefois blanc comme un champ de neige. L'été, il portait toujours un pantalon avec un marcel, ses bras et son visage étaient brûlés, burinés par le soleil. La nudité de mon père resta longtemps pour moi une double carte, d'un côté ce qui était couvert par les vêtements et restait blanc, et de l'autre la partie exposée au soleil, au vent et au froid.

On devait sortir en été comme en hiver. La nuit, je sortais lorsque la lune était pleine et lumineuse, et me permettait d'admirer toutes ces étoiles qui semblaient veiller sur moi pour me protéger.

J'essayais de marcher sans trébucher sur des racines qui affleuraient du sol et ressemblaient aux dents d'un monstre attendant son repas.

Lorsque je restais longtemps à observer le ciel étoilé, je remarquais qu'elles bougeaient, ce qui est normal puisque la terre tourne. Les étoiles semblaient balayer le ciel. C'était merveilleux et fascinant.

J'aimais aussi regarder les vers luisants, ce petit coléoptère avec une dimension magique par sa capacité à émettre de la lumière avec son corps.

Quel dommage qu'ils deviennent si rares ! J'avais l'impression que les étoiles se promenaient aussi dans le jardin.

La journée, je passais des heures, allongée, le nez dans l'herbe à contempler la vie passionnante des insectes, me demandant où étaient passés les vers luisants.

L'été, je respirais l'odeur des champs, le blé coupé, j'écoutais chanter les grenouilles près du petit bassin devant la maison, ou la chouette qui hululait dans les grands sapins qui bordaient la forêt.

C'était toute une expédition et j'avoue que j'évitais toujours de m'aventurer dehors dans la nuit, mais parfois je n'avais pas le choix.

Joseph, mon père…

Il est né le 3 mars 1922 à La Cluze-et-Paquier ainsi que mon grand-père que je n'ai pas connu.

Je n'ai pas trop de souvenirs de son enfance, il racontait peu.

Après son certificat d'études à 14 ans, il est parti travailler à Pont-de-Claix, une petite ville voisine pour travailler au chargement. C'était une usine de munitions, il y allait en vélo.

Il travaillait aussi dans les champs avec mes grands-parents et à 24 ans il est rentré à la SNCF, a été nommé cheminot, mais il n'était pas sur les trains, à l'époque ça voulait dire qu'il travaillait à l'entretien des voies.

Il devait changer les traverses quand elles étaient pourries, les enduire de produits insecticides, vérifier leur niveau, et graisser les aiguillages.

Il a été nommé sous-chef, puis chef d'équipe.

Le 15 juillet 1969, le ministère des Transports lui a décerné la médaille d'honneur en argent des Chemins de fer en récompense de ses services.

Joseph est le quatrième en partant de la droite, à gauche Philippe le frère de ma mère qui travaillait avec mon père, et l'équipe de copains de la SNCF L'équipe de poseurs, c'était leur nom.

Ma mère lui disait souvent :

— Fais attention aux rails, j'ai toujours peur que tu te blesses. Tu pourrais te coincer un pied et te casser une cheville.

— Mais non, ne t'inquiète pas, j'ai l'habitude.

— Et si un train arrive ?

— Tu sais que c'est moi qui règle l'aiguillage avec Philippe, ton frère, on connaît notre métier.

— Oui je sais, disait-elle en soufflant.

Il parlait beaucoup de la guerre. Il a fait les chantiers de jeunesse. À cette époque, il avait entre 17 et 20 ans. Il a caché toute une famille juive, au péril de sa vie. Une voisine pas très sympathique aurait pu le dénoncer, il avait fait son choix. Il disait :

— Je suis droit dans mes bottes.

C'était pendant la seconde guerre mondiale de 1939/1945, et jusqu'en 2016 il est resté en contact avec cette famille.

On aurait pu lui décerner la médaille des Justes de la nation, mais il s'en fichait. Avec Gilbert, on avait préparé un dossier, mais on devait remplir une quantité impressionnante de documents. C'était très long et contraignant. Mon père n'a pas sauvé cette famille pour avoir une médaille, mais parce qu'il estimait que c'était son devoir.

Il aimait bien rire, et dans les dernières années raconter des anecdotes.

Jeannette, ma mère…

Elle est née le sept février 1923 à Vif, en plein hiver, elle qui détestait la neige.

Elle s'appelait Jeanne, mais pour tout le monde c'était Jeannette, car elle ne supportait pas son prénom.

Elle avait quatre frères et une petite sœur, décédée à l'âge de deux ans. Quand mes parents se sont mariés en 1943, ma mère avait 20 ans, elle était gantière pour un grand magasin à Grenoble.

On lui confiait des modèles de gants et elle devait les assembler pour les coudre. Le but était d'en fabriquer le plus possible afin de gagner un meilleur salaire.

Par la suite, elle est devenue garde-barrière à la Coynelle. Elle occupait une guérite à côté de la gare et assurait la sécurité lorsque le train arrivait. C'est elle qui baissait la barrière lorsqu'il était annoncé, et la relevait après son passage.

Je venais souvent la rejoindre et je rêvais de voyages lorsque les passagers du train embarquaient.

C'est un très bon souvenir même si parfois j'aurais préféré que ma mère reste à la maison.

Avant de rencontrer mon père, elle habitait dans le village de Saint-Martin de la Cluze. Jean et Hélène, mes grands-parents, étaient très gentils, mais je n'étais pas proche d'eux. Quand on allait leur rendre visite, tout le monde s'asseyait dans la cuisine et moi sur le rebord d'une fenêtre pour admirer le jardin.

On mangeait des gâteaux accompagnés d'un sirop, d'un café pour les adultes. On restait quelques heures et on repartait. C'était toujours le même rituel.

Ma mère racontait souvent que lorsqu'elle était petite, elle allait en vacances chez sa grand-mère maternelle qui avait des chèvres.

Elle montait sur leur dos pour faire la course. Je pense qu'enfant elle était aussi intrépide et joyeuse que moi.

J'ai peu connu mon arrière-grand-mère maternelle, elle habitait au Collet de Sinard.

Un petit hameau, sa maison était carrément isolée. On ne pouvait y aller qu'à pied, on descendait dans la forêt. Elle vivait seule, car son mari était mort pendant la guerre et son fils s'était tué en moto. Elle n'avait qu'un seul voisin, un homme des cavernes qui m'impressionnait et me faisait un peu peur.

Ma mère se levait très tôt, soit pour travailler, soit pour jardiner.

L'été, elle s'occupait des fleurs et du potager et arrosait très tôt, avant le lever du soleil.

Je me souviens de cette fois où j'étais assise dans la cuisine et je lui ai demandé :

— Maman depuis combien de temps je connais papa ?

Et je me rappelle son regard surpris et amusé :

— Depuis toujours, depuis que tu es née.

C'était une véritable question et j'attendais une vraie réponse.

Ses cheveux étaient courts, ondulés et blond foncé. Quand il faisait beau, elle portait des robes légères et fleuries. Un jour, elle avait acheté une robe tellement fluide et légère qu'on l'avait baptisée la robe 100 grammes.

Elle ne portait jamais de pantalon ni de jupe, seulement des robes. Ses couleurs étaient le vert, orange, marron, et jaune.

Plus tard, elle a modifié la couleur de ses cheveux qui sont devenus plus orangés que blonds. On n'a jamais réussi à lui faire changer de couleur. Elle était mince et svelte.

Plutôt gaie dans mes souvenirs d'enfant, mais en grandissant je me suis rapidement rendu compte qu'elle n'était pas toujours heureuse.

Mon père n'était jamais là, il travaillait beaucoup, mais papillonnait beaucoup aussi.

Il y avait toujours une femme jamais très loin qui rôdait autour de lui. Mon père n'était pas le roi de la discrétion.

Malgré tout, malgré une séparation difficile, vingt-cinq ans plus tard, ma mère n'a jamais cessé de l'aimer.

La grange… le voisin et les chats…

Sur le côté de la maison était accolée une grange que j'affectionnais particulièrement.

Mon plaisir était de sauter dans la paille, sur les bottes de foin. J'essayais de découvrir des trésors. Je m'agrippais pour monter jusqu'en haut, parfois je tombais et je recommençais. Arrivée au sommet, je sautais, et c'était encore plus drôle lorsque mes copines venaient. On jouait à cache-cache avec Arlette ma voisine, la paille s'accrochait dans les cheveux, parfois nos jambes et le visage étaient un peu griffés, mais c'était tellement incroyable, comme sauter sur un immense trampoline.

Mon père n'aimait pas trop savoir quand je sautais avec mes copines, le sol en bois était vieux et pas très stable. Il craignait que je passe au travers.

Moi je n'avais peur de rien et je n'y pensais même pas. J'aimais cette grange, l'odeur de la paille, la chaleur de l'été, les bruits de la vie, les rayons de soleil qui passaient entre les planches disjointes, et le ballet de ces particules dans ces rayons lumineux. J'étais ébahie, émerveillée.

À l'extérieur de la grange, mon père avait installé une corde pour grimper.

À trois mètres de haut, il y avait une grande ouverture sur le côté, pour rentrer la paille. On pouvait accéder à la grange par une porte ou par cette issue en plaçant une échelle devant.

La corde était assez proche, et souvent, je montais sur le bord de l'ouverture à l'aide de l'échelle, et en cachette je sautais dans le vide pour attraper la corde et me balancer.

J'étais championne pour monter, mais surtout championne du saut à la corde, à ma façon.

Petite j'étais un peu cascadeuse, voire acrobate. J'étais intrépide, je n'avais jamais peur. J'adorais grimper dans les énormes cerisiers, le plus haut possible. Peut-être bien pour contempler le monde.

Dans la paille, il nous arrivait de découvrir une portée de chats. Souvent je bataillais avec mes parents, car je voulais tous les garder.

Nous en avions toujours plusieurs à demeure, sur le coussin des chaises dans la cuisine passant du temps à dormir, ou courant pour chasser les mulots.

Un voisin proche de notre maison avait la réputation de tuer tout ce qu'il croisait à la chasse. Souvent un chat disparaissait un jour ou deux et revenait blessé. Parfois il ne revenait plus.

Certains chasseurs disaient qu'il tuait des chats et les vendait pour lièvres.

Mon père chassait, mais avec une certaine droiture et ne supportant plus de voir revenir nos chats blessés décida un jour de prendre son permis de garde-chasse.

J'ai gardé en souvenir sa plaque en métal

Il déclara un jour :

— Si je le croise et si j'ai la preuve qu'il tue un chat, je lui tire une volée de plombs dans l'arrière-train, ou je lui botte le derrière.

— Ma mère répondait :

— J'aimerais mieux que tu évites, mais si c'est lui je suis d'accord.

Ils parlaient du voisin, bien sûr.

Fort heureusement ça n'est jamais arrivé.

Chaque année, mon père participait à un lâcher de faisans et de perdrix.

Il n'était pas très enthousiaste non plus, mais en tant que garde-chasse, il devait participer et surveiller au bon déroulement de cette pratique.

Ce souvenir reste très précis dans ma mémoire, car je détestais imaginer leur mort dans les semaines à venir.

C'était généralement quelques jours avant l'ouverture de la chasse que l'on pouvait croiser ces oiseaux perdus dans la campagne, pas farouches pour un sou, errer sur le bord des routes.

Sans défense, les tuer devenait bien plus facile.

À la maison, nous avions aussi de très grandes volières, car mon père élevait des cailles.

Il me semble qu'il les lâchait pour la chasse.

Adèle, ma grand-mère paternelle…

Adèle, ma grand-mère paternelle qu'on appelait la mémé habitait la maison voisine.

Elle est née le 4 janvier 1890 à Marcieu et elle est décédée le 15 mars 1976. Son œil gauche était tourné vers l'intérieur pour avoir reçu un coup de queue d'une vache.

Elle avait 2 sœurs, et un frère décédé à la naissance. Sa mère Séraphine ne s'est jamais mariée. Il paraît que mon arrière-grand-père serait le Comte de Marcieu. Ce dernier était marié et mon arrière-grand-mère n'aurait pas voulu qu'il reconnaisse ma grand-mère et sûrement ses deux sœurs.

Elle était en avance sur son temps, voulait rester libre et surtout ne pas s'encombrer d'un mari.

Mon père cultivait du maïs, les soirées en hiver, elle venait nous aider pour enlever les feuilles des épis et apportait un gâteau ou une tarte à la courge.

Je me souviens encore de l'odeur de ses tartes qui embaumait la maison et me chatouillait les narines. Sa tarte était une pure merveille pour moi. C'était ma madeleine de Proust.

Depuis je n'ose plus manger de tarte à la courge, la peur d'être déçue et d'oublier ce goût incroyable et délicieux.

Lorsqu'on mangeait un lapin, c'est elle qui était chargée de le tuer. Une fois mort, elle l'accrochait par les pattes arrière sur la porte du four à pain pour lui ouvrir le ventre et le vider. C'était répugnant et ma mère a toujours refusé cette corvée qui ne gênait pas du tout ma grand-mère.

Ma mère se contentait de nettoyer la porte à grande eau pour enlever le sang qui avait coulé.

Elle passait beaucoup de temps avec nous. Elle était généreuse comme la pluie qui coule sur les carreaux les jours d'orage, ses confidences étaient rares et d'autant plus précieuses.

Elle essayait de m'apprendre à tricoter, avec ma mère elles confectionnaient des pulls pour mes frères, mon père et moi, des chaussettes chaudes pour l'hiver.

Ma mère me tricotait des pulls principalement vert ou orange et je détestais ces deux couleurs.

Je n'étais pas passionnée par cette occupation et je me contentais de tricoter des écharpes à perte de vue.

Sa maison était classique, elle utilisait seulement deux pièces, une chambre et une grande cuisine, et je passais beaucoup de temps dans cette pièce. Elle cuisinait, se reposait et j'aimais lui tenir compagnie.

À l'automne 1973, elle est tombée malade, elle voulait absolument tailler les vignes avec mon père. Elle a pris froid et ne s'est pas remise. Elle est partie habiter chez ma tante Marguerite. Je ne l'ai plus revue. Elle nous a quittés en début d'année 1976.

Elle était très gentille et aimait ma mère. Quand celle-ci a décidé de partir, ma grand-mère lui a dit :

— Ne partez pas, restez, je vais lui parler. Mon fils est un idiot. C'est un imbécile !! Il va regretter.

Elle avait raison, mais dans une séparation il n'y a que les deux personnes concernées qui peuvent prendre telle ou telle décision. Et leur séparation fut pour moi une bénédiction.

Sur cette photo elle pose avec Gilbert, devant sa maison

J'ai passé des heures sur l'escalier de sa cuisine, à droite sur la photo.

Je m'asseyais et je bavardais avec elle. Si elle n'était pas là, j'attendais qu'elle revienne. On chantait de petites chansons qu'elle m'apprenait et que je connaissais par cœur, comme une souris verte.

Une souris verte
Qui courait dans l'herbe.
Je l'attrape par la queue,
Je la montre à ces messieurs.
Ces messieurs me disent :
Trempez-la dans l'huile,
Trempez là dans l'eau,
Ça fera un escargot tout chaud.

Pour moi c'était un grand mystère, comment une souris pouvait se transformer en escargot ?

J'ai eu la réponse bien plus tard.

Selon la légende, la souris verte serait une référence à un soldat vendéen. Il aurait été traqué par les soldats républicains pendant la Guerre de Vendée (1793-1795) et soumis à différentes tortures. Le but étant d'en faire un « escargot tout chaud », pas besoin de beaucoup d'imagination pour voir l'horreur de la scène.

Mais à l'époque, c'était une chanson pour les enfants. J'imagine que ma grand-mère ignorait le vrai sens de cette chanson.

L'escalier qui montait à sa maison était un de mes endroits préférés.

Je me promenais souvent sur le chemin au-dessus de la maison, l'été je ramassais des mûres en grande quantité et la mémé confectionnait des tartes.

Lorsque le chemin devant la maison s'est transformé en route goudronnée, j'ai pu me faire offrir des patins à roulettes. Aujourd'hui, l'escalier et la porte ont été supprimés. Mon cousin qui habite la maison a créé une entrée sur le côté sud.

La mémé avait pour mission de me faire déjeuner avant de partir à l'école, et pendant très longtemps je ne voulais pas de petit-déjeuner.

Un verre de sirop à la menthe et un petit biscuit me convenaient très bien.

Le matin, ma mère devait souvent partir tôt pour prendre son poste de garde-barrière à la Coynelle, le hameau où j'habite aujourd'hui, exactement en face de ma maison.

Mais c'était sans compter sur ma grand-mère qui était toujours patiente avec moi. Souvent elle obtenait gain de cause pour que je boive un chocolat chaud, l'hiver.

Je n'ai pas connu son mari, mon grand-père Alexis. Il est né le 17 septembre 1878 à La Cluze et Paquier.

Il est mort en 1949 dans les bois sous la maison familiale, écrasé par son cheval qui a basculé avec sa faneuse. J'ai toujours regretté de ne pas l'avoir connu, je l'imaginais aussi gentil que ma grand-mère.

Quand il faisait beau, je passais beaucoup de temps dehors. L'après-midi, ma mère s'installait dans la chambre pour une petite sieste, et moi je restais jouer à l'extérieur. L'hiver, je restais dans ma chambre et je ne devais pas faire de bruit. Alors je lisais.

Un jour où je m'ennuyais dehors, je pris un livre et m'installais en haut d'une échelle.

D'un coup je sentis bouger mon perchoir, je lâchais mon livre pour me retenir et ne pas tomber, un tremblement de terre venait de se produire.

J'ai eu très peur, mais ça ne m'a pas empêchée de monter toujours plus haut. Je grimpais souvent au-dessus de la cabane des canards, près des clapiers à lapins. Je m'asseyais et je rêvais.

Quelquefois lorsqu'un bébé lapin avait besoin d'aide pour manger, on l'installait dans la remise attenante à la maison. Ma mère ou ma grand-mère remplissait un biberon de lait et c'est moi qui aidais cette petite boule de poils à se nourrir. On le faisait tiédir un peu et on le mettait dans un flacon compte-gouttes ou dans un biberon. La température ne devait pas être trop chaude.

On donnait aussi un peu du foin, de la luzerne ou de l'herbe, pour les nutriments et le calcium. Très rapidement, le bébé lapin prenait du poids et il retournait avec sa mère dans le clapier.

Noël…

Les saisons défilaient et Noël arrivait. Mes parents invitaient la famille, l'oncle Philippe, un frère de ma mère avec ma tante Thérèse et mes cousins Jean-Paul et Gaby, sans oublier mes deux cousines Mireille et Florence. Ils habitaient à Vif, un village voisin. Philippe était cheminot comme mon père et travaillait avec lui. Ils s'entendaient très bien et une belle complicité les rapprochait.

Mon père coupait toujours un grand sapin dans notre forêt. Quand il partait, je ne tenais plus en place. Le temps me paraissait infiniment long.

Depuis plusieurs générations, ma famille possédait des hectares de forêt et régulièrement mon père plantait des sapins. Il en plantait pour le bois de chauffage, pour mon frère Gilbert, pour qu'il puisse en vendre, pour plus tard comme il disait.

Je suppose qu'en ville on en vendait dans les magasins, mais je n'en ai pas de souvenirs, car chez nous on en coupait un vrai de notre forêt. Je me revois encore faire les cent pas, guettant le retour de mon père, pour finir le nez collé à la fenêtre, attendant qu'il revienne.

Quand il rentrait, on installait cet arbre majestueux dans la cuisine, sur une grosse bûche que mon père taillait en fonction du sapin.

Dès qu'il était en place, nous allions chercher le grand carton rempli de décorations.

C'était tout un cérémonial. On redécouvrait les boules colorées et les guirlandes. Des oiseaux multicolores montés sur pince.

Avec ma mère, nous achetions une nouvelle petite décoration chaque année aux Nouvelles Galeries à Grenoble.

On posait sur le bout des branches des pinces et l'on fixait des petites bougies en couleur.

Il fallait bien les positionner afin de ne pas brûler le sapin. Ça n'est jamais arrivé chez nous, car on ne laissait en aucun cas les bougies allumées sans surveillance.

Chaque année, ma grand-mère racontait la même histoire :

— Un jour, ma sœur a mis le feu au sapin avec les bougies.

Et chaque fois, je demandais :

— Mais comment ?

— Elle a allumé les bougies en cachette et ensuite elle n'arrivait plus à éteindre le feu.

Ma mère était très en colère, mais n'a pas osé la punir, car elle avait eu très peur. Mais elle a dû aller en couper un autre, c'était Noël, elle était indulgente. Elle aussi avait eu très peur, car la maison aurait pu brûler.

J'ai encore devant les yeux les fameux sabots en chocolat avec un petit Jésus en sucre rose à l'intérieur. Le chocolat n'était pas de super qualité, mais c'était THE chocolat de Noël. Mais depuis quelques années devant la pléthore de nouveaux modèles, le petit sabot a été supplanté. Il a pratiquement disparu.

Sous le sapin on installait le papier rocher en façonnant les montagnes, ensuite la crèche. On n'avait pas de sapin sans crèche, inconcevable.

C'était un tout, le sapin et la crèche. Ma mère achetait régulièrement de nouveaux santons, des animaux. Moi j'aimais ajouter un mouton, une vache, un âne. La crèche est associée à la religion catholique et cet aspect ne m'intéressait pas.

J'aimais le côté ferme avec les animaux. Mais pour ne vexer personne, je ne faisais aucun commentaire. Adulte j'ai arrêté et aujourd'hui je préfère aménager un village de Noël.

Le 25, on découvrait les cadeaux apportés par le père Noël. Il y avait toujours quelques oranges et des papillotes. Il nous arrivait d'en accrocher dans le sapin.

J'aimais cette ambiance feutrée et spéciale, l'odeur de la dinde qui cuisait au four, les marrons qui frémissaient, le scintillement des lumières, les décorations, les boules translucides aux mille reflets, les étoiles saupoudrées de givre, les papillotes qui se prélassaient dans les corbeilles dorées.

Le pain d'épices de ma grand-mère qui embaumait la maison, les roses des sables au frais pour bien se tenir. Des odeurs de gâteaux qui venaient chatouiller les narines, et des étoiles filantes, des cœurs, des petits bonhommes, des sapins recouverts de sucre coloré pour remplir les boîtes à gâteaux.

J'aime toujours Noël et les paillettes d'or dans les yeux des enfants et des grands et tout ce qui permet d'oublier la morosité du temps.

Ma mère achetait des biscuits qui existent toujours, le PETIT BRUN.

Ils étaient enrobés de papier argenté. Un peu avant Noël, on les trouvait dans du papier brillant avec différentes couleurs.

Je confectionnais des bonbons avec des noix à l'intérieur pour les accrocher aux branches. C'était très coloré et festif.

L'année de mes dix ans, mon frère Gilbert m'a offert mon premier dictionnaire. Quel bonheur, j'ai adoré ce gros livre avec cette ribambelle de mots connus, et tellement d'inconnus que je ne demandais qu'à découvrir.

Et cerise sur le gâteau, les dictons, les proverbes, les citations à la fin. Je suis toujours fan.

Pendant des années, j'ai emporté mon dictionnaire en vacances.

Je l'ouvrais au hasard et je regardais la définition de chaque mot de la page. Mais c'était avant, avant internet, sur les téléphones portables. Depuis mon dictionnaire dort sur une étagère.

Petite confidence au sujet du père Noël… j'ai appris très tôt qu'il n'existait pas. J'avais cinq ou six ans. Mes parents avaient acheté mes cadeaux et les avaient cachés dans la grange des voisins.

Après plusieurs curieux allers-retours, j'étais allée jeter un œil, et surprise… ô mauvaise surprise j'avais découvert le pot aux roses, enfin… mes cadeaux !!!

Je ne comprenais rien à ce qui arrivait.

Pourquoi les cadeaux que j'avais commandés au père Noël étaient chez les voisins ?

Par quel miracle étaient-ils arrivés dans cette grange alors que Noël était seulement dans quelques jours ?

Est-ce que je devais en parler à Arlette, ma voisine ?

Était-elle au courant ?

D'ailleurs, est-ce que le père Noël passait chez elle ?

Je ne l'ai jamais entendu dire qu'elle avait de nouveaux cadeaux ni même vu jouer.

Je décidais de surveiller l'arrivée du père Noël, mais à l'époque on ouvrait les cadeaux le matin, le 25… et au réveil les paquets étaient sous le sapin.

J'étais très heureuse de les découvrir, mais très déçue de constater que le père Noël n'existait sûrement pas. Aujourd'hui encore, je garde de ce moment un souvenir très vivant.

Je n'en ai pas parlé non plus à l'école, je pensais qu'on allait se moquer de moi.

J'avais imaginé tout un tas d'histoires extraordinaires autour de ce fameux personnage à la longue barbe blanche.

La désillusion a été immense, mais je n'ai rien dit, trop peur de ne plus avoir de cadeaux l'année suivante.

Pour les fêtes, nous descendions toujours à Grenoble pour la traditionnelle photo avec le père Noël

Je n'avais pas du tout envie de poser, car je savais qu'il était faux. Mais je dois avouer qu'il était très beau, son costume était magnifique. Son manteau descendait jusqu'aux pieds, il avait une large bande de fourrure en bas, aux manches, sur le bord de sa capuche et une belle grosse barbe blanche.

Je le revois encore comme si c'était hier. Et puis il n'y en avait qu'un, aujourd'hui les pères Noël fleurissent à tous les coins de rue. Je pense que ça suscite l'imagination des enfants et qu'il n'y a pas de mal à mentir en parlant du père Noël.

Après Noël, le premier janvier, la mémé Bouvier me donnait toujours un billet, « un petit billet » comme elle disait. C'était une tradition qui perdure plus ou moins aujourd'hui. La mémé, un mot démodé, obsolète même, mais c'est comme ça qu'on l'appelait.

L'hiver…

Le temps s'écoulait lentement, j'adorais les fins de semaine, je traînais après avoir déjeuné, je scotchais mon nez à la fenêtre, j'admirais le paysage souvent blanchi par la neige.

C'était agréable et reposant.

Le matin lorsque je me réveillais, je sentais l'odeur du café qui grimpait l'escalier, ce parfum de café un peu brûlé, un peu caramélisé, qui restait en permanence sur la grosse cuisinière à bois.

J'hésitais à sortir de mon lit, je laissais vagabonder mon esprit, je pensais à tout, à rien, je rêvais, je savourais la quintessence du temps mesuré, blottie dans mon lit au chaud, car ma chambre n'avait pas de chauffage.

Mais je n'avais pas froid, l'hiver ma mère me préparait une bouillotte à placer au fond du lit, un peu avant de me coucher.

Je la gardais pour chauffer mes pieds, ou alors je plaçais une brique qui sortait directement du four. On l'enveloppait dans un torchon pour ne pas se brûler.

Régulièrement je buvais de l'élixir Guillet avant de dormir. J'ai un souvenir incroyable de cette potion qui aide à la digestion et non à l'endormissement comme le pensait sûrement ma mère. J'étais dingue de cette boisson, en cachette je buvais un peu à la bouteille. Il y a quelques années, j'ai trouvé cet élixir en pharmacie. J'ai craqué, j'ai acheté une bouteille pour retrouver cette saveur que j'adorais. Dans la composition, on trouve de l'alcool à 95°.

Énorme déception, j'ai trouvé ce breuvage infect, imbuvable. Ce flacon a fini dans la poubelle. De toute évidence, mes goûts ont bien changé.

Mes parents alimentaient le feu avec de grosses bûches coupées par mon père.

J'entendais souvent le fer de la hache ou du merlin qui les séparait en deux, posées sur un vieux tronc coupé plein de cicatrices, et destiné à accueillir les nouvelles sacrifiées. Le merlin était plus léger et plus maniable, mais il fallait rester prudent, parfois des éclats volaient dangereusement dans l'air.

Le bois venait de notre forêt, et Joseph, mon père, coupait les gros troncs avec une énorme scie circulaire dans la remise attenante à la maison.

J'allais quelquefois le regarder en me bouchant les oreilles pour ne pas entendre le cri strident de la scie, mais j'adorais respirer l'odeur de la sciure.

Parfois il posait sur mes bras quelques morceaux que j'emportais dans la grande cuisine.

C'est là que nous vivions pratiquement en permanence. La chaleur emplissait la pièce et faisait danser l'air de l'atmosphère.

Cette pièce était celle des petits-déjeuners, des repas de midi et du soir, celle où l'on se lavait dans la grande bassine, celle des devoirs, des fêtes et des journées ordinaires, de la tristesse et des jours heureux.

Celle aussi où je jouais aux billes avec un chat. Je m'asseyais dans un coin et j'envoyais les billes rouler vers Fripon mon chat qui adorait jouer.

Avec sa patte il me les renvoyait et l'on pouvait s'amuser ainsi pendant de très longs moments. Il courait et glissait sur le carrelage, j'avais l'impression de le voir glisser sur la piste d'une patinoire.

Dans la remise mon père entreposait le blé pour les poules, dans un énorme silo en bois.

Il ressemblait à un tonneau d'environ deux mètres de haut. Je trouvais toujours un moyen pour grimper et m'enliser dans le blé, ce qui était dangereux. En fonction de la saison, il était plus ou moins plein, et parfois j'avais un peu de mal pour ressortir.

Mais j'adorais, c'était agréable et le blé sentait bon. Mes parents ne l'ont jamais su, je grimpais toujours en cachette.

À l'automne on ramassait le maïs et l'hiver près de la grosse cuisinière, le soir, on triait les épis. On enlevait l'enveloppe, les cheveux, pour les mettre à nus dans de grands sacs en toile de jute.

Mon père les conservait au sec pour nourrir les poules.

Un soir, une petite souris qui avait dû élire domicile dans un sac de maïs est partie se promener dans la maison. Ma grand-mère m'avait offert une grande poupée avec une robe en dentelle rose, une vraie robe de princesse.

Ce petit rongeur a découvert qu'il pouvait se construire un joli nid avec ce beau tissu et le matin suivant j'ai découvert un tas de confettis.

J'ai pleuré et ma grand-mère est partie à Grenoble acheter du tissu pour habiller cette poupée. Elle savait tout faire. Elle avait acheté un joli tissu blanc avec des motifs de couleur et quelques jours après ma poupée avait une magnifique robe.

Je l'ai oubliée assez rapidement, car je préférais jouer avec les ours. Je les installais dans ma chambre, sur des petits fauteuils, et je me transformais en maîtresse d'école. Lorsque je devais apprendre une récitation, ils en avaient la primeur. C'était des élèves studieux qui écoutaient avec attention.

L'hiver sur la table en bois de la cuisine, ma mère posait toujours une plante qui me faisait rêver… un cerisier ou pommier d'amour ! des pommes miniatures sur une petite plante frileuse qui aime la lumière et la chaleur.

Aujourd'hui encore j'apprécie d'en avoir une dans la maison, peut-être pour prolonger un peu mes souvenirs, et puis parce que j'apprécie tout simplement ce petit arbre.

Lorsque la neige recouvrait les champs de son manteau blanc, si le soleil pointait son nez, ma mère étendait une lessive. On pouvait la laisser seulement quelques heures. Lorsque le soleil commençait à décliner, il fallait rentrer le linge sinon il gelait, et parfois on oubliait.

Lorsque les pantalons et les pulls étaient durcis par le gèle, j'imaginais un homme invisible à l'intérieur.

Ça m'amusait et ma mère rouspétait, car on devait les manipuler avec précaution pour ne pas casser les fibres.

L'avantage, une fois ramenés à l'intérieur, l'eau s'évaporait sans devenir liquide et les vêtements séchaient plus rapidement. Aujourd'hui la lessive Bonux revient dans les magasins. C'était cette lessive que ma mère utilisait et lorsqu'elle rapportait un baril mon plaisir était de l'ouvrir, de plonger une main dans cette poudre blanche pour chercher le petit jouet qui se cachait à l'intérieur.

Quelquefois le cadeau était bien comme une petite voiture en plastique, la fois d'après je découvrais un couteau à beurre ou un dé à coudre et j'étais déçue.

Je me demande si aujourd'hui on trouve encore une petite surprise. Je vais devoir en acheter pour vérifier.

L'hiver mon père passait un peu plus de temps à la maison.

Surtout lorsqu'il neigeait, et il neigeait souvent beaucoup. Parfois je prenais ses skis, beaucoup trop grands pour moi et j'essayais de dévaler les pentes. Personne ne m'a jamais appris à skier, et je ne sais toujours pas.

Je n'ai d'ailleurs jamais vu mon père les chausser. Pourtant il paraît que plus jeune il descendait à Vif ou Varces en skis. Enfant, j'aimais beaucoup plus la neige qu'aujourd'hui.

Quand j'étais petite, on ne parlait pas de tendresse ni d'amour. Ça ne se disait pas, ni par les gestes ni par les mots. Je n'étais pas très proche de mon père, mais il m'aimait et je l'aimais en retour. On ne parlait pas beaucoup et souvent je me demande si mon goût pour les mots ne vient pas, de manière réactive, de mon attente souvent déçue d'entendre mon père me parler, me raconter.

Pourtant il avait l'esprit ouvert, et il aimait lire. Il était intelligent, mais n'a jamais voulu quitter sa maison.

Il aurait pu poursuivre des études comme sa sœur Marguerite, mais son choix était de rester cultiver ses terres.

Lorsqu'il avait fini sa journée à la SNCF, il partait dans les champs où il cultivait du blé, du maïs, des pommes de terre, sans oublier les vignes à tailler, et entretenir.

Très souvent le soir, il mangeait seul, car il rentrait tard. Parfois, ma mère lui préparait des œufs brouillés avec du concentré de tomates. Mon père adorait ça et moi aussi. Quelquefois je venais piquer dans son assiette et ça l'amusait.

Ma chambre…

À l'âge de douze ans, mes parents m'ont offert une chambre à coucher avec un lit deux places, deux chevets et une grande armoire avec un miroir. Il faut dire que depuis ma naissance je dormais dans la chambre de mes parents. Surtout la chambre de ma mère, mes parents ne s'entendaient pas et mon père dormait dans une petite maison située à côté de la maison familiale. Cette maison est devenue par la suite l'habitation principale de mon frère Gilbert.

J'étais folle de joie à l'idée d'avoir une chambre pour moi toute seule, ensuite on a tapissé les murs en rose avec des petits bouquets de fleurs. Je n'ai pas choisi cette tapisserie avec mes parents, mais je la trouvais très jolie. Cette chambre était grande et je ne voulais plus en sortir. Mes frères étaient plus âgés et je dois avouer que j'étais gâtée, car ils partageaient leur chambre. J'ai 12 ans d'écart avec mon frère aîné et 9 ans avec le deuxième. Je suis vraiment la petite dernière.

À treize ans j'ai eu une bibliothèque. Une petite porte au milieu se baissait et faisait office de bureau.

Sur une petite étagère à l'intérieur, j'exposais de petits camées, objets publicitaires offerts dans les stations Total. Ils représentaient Cléopâtre, Diane de Poitiers ou encore Henry II. J'échangeais mes doubles avec mes copines.

À l'école le matin, je disais à Gaby :
— J'ai Henry II en double.
— OK, moi j'ai Pasteur.
Parfois il fallait attendre pour échanger.

J'ai eu aussi un électrophone, un tourne-disque avec le haut-parleur dans le couvercle. Il me semble que c'était un Philips, une vraie beauté.

Lorsque ma mère allait à Grenoble, elle me rapportait toujours des disques vinyle.

Parfois elle achetait un disque qui ne m'était pas vraiment destiné, mais je finissais toujours par aimer. Ma mère aimait les chansons gaies et entraînantes. Je me souviens très bien de Georgette Plana qui chantait Riquita ou on n'a pas tous les jours vingt ans. Je posais le disque sur le tapis de l'électrophone, je commençais à copier la chanson sur un cahier, je revenais en arrière et je recommençais jusqu'à la fin.

Un certain Johnny, pantalon de soie et chemise de dentelle noire, s'efforçait de retenir la nuit et faisait vibrer le cœur des filles, ainsi que d'autres, Cloclo qui lui nous disait toutes belles, belles, belles. Sans oublier Richard Anthony qui entendait siffler le train.

Ensuite je chantais devant le miroir. J'ai rempli des cahiers complets, je regrette de les avoir jetés lorsque je me suis mariée.

J'ai passé des heures dans cette chambre qui était tout pour moi, ma maison, mon univers. Très rapidement, la tapisserie fut recouverte de posters de Johnny, Sylvie, Claude François, Mike Brant...

L'école…

À quatre ans, j'ai commencé ma première année scolaire à l'école du Genevrey de Vif, un petit village situé à trois kilomètres de notre maison. Avec les autres enfants du village, nous y allions à pied, au printemps, à l'automne, mais aussi en hiver. Trois km quatre fois par jour.

Le premier jour d'école est inoubliable, car il était plein de surprises. Un nouveau monde s'ouvrait à moi. Il s'agissait d'une nouvelle expérience. J'avais un cartable, des livres, des devoirs peut-être à faire, de nouvelles copines. Une émotion puissante me galvanisait et je me réveillais tôt. Ma mère m'accompagnait comme toutes les mères. Elle me laissait dans la cour. C'était un peu difficile malgré tout pour moi, car j'étais timide. J'ignorais dans quelle classe j'étais inscrite.

L'institutrice faisait l'appel, nous rentrions en classe et elle commençait à se présenter. Nous parlions de ce que nous aurions à voir et apprendre pendant l'année. Ensuite elle écrivait les noms des livres et notre prénom, car la plupart des enfants ne savaient pas encore écrire. Le soir, je rentrais chez moi et racontais tout ce qui s'était passé ce jour-là à ma famille, sans oublier la mémé qui était fière de moi. Ce jour a fait naître une nouvelle période de ma vie, une première période importante pour une vie pleine d'action.

Ce fut à travers les livres que j'ai pris pour la première fois conscience qu'il y avait d'autres vies et d'autres mondes au-delà du mien.

Sur la photo, je suis la troisième au premier rang en partant de la droite. Monique, mon amie à côté me regarde avec tendresse, et Gaby, ma deuxième amie, tient l'ardoise. Nous avions sept et huit ans.

Il paraît que je savais lire lorsque j'ai commencé l'école, car ma grand-mère, qui était très patiente avec moi, m'avait initié à la lecture.

Le premier livre dont je me souviens était « Pipo chien de berger ». Pipo garde un troupeau de moutons et un matin Mila, une brebis, a disparu. Pipo part à sa recherche. Il va la retrouver après avoir échappé au loup.

À l'adolescence j'ai perdu ce livre. Quelques années plus tard, j'ai trouvé ce livre en librairie et l'ai racheté en souvenir de mon enfance.

Il a 15 pages, mais c'est mon livre porte-bonheur, l'original m'avait été offert par ma grand-mère. Je garderai toujours celui-ci. Il fait partie de mon héritage.

Peut-être que personne n'en voudra. Tant pis, pour l'instant je le garde précieusement. Quand j'ai découvert la lecture j'ai dévoré tous les livres qui me tombaient sous la main. Et je continue. Je lis souvent plusieurs livres en même temps, et je collectionne les marque-pages.

J'ai de très bons souvenirs de l'école maternelle et primaire. Dans les années 60, on vouait un sentiment d'admiration et de respect envers les instituteurs. J'étais bonne élève, mais parfois je me faisais remarquer.

Je n'ai jamais été punie par mes parents, car je faisais le maximum pour réussir mes devoirs. J'apprenais mes leçons, j'aimais l'école. Je collectionnais les bons points, les rouges et les verts. Au bout de dix, on avait droit à une image. Au bout de dix petites images, on en avait une grande.

Un jour l'institutrice avait convoqué ma mère. Tous les matins j'avais droit à un goûter, mais je n'en voulais pas. C'était soit brioche soit banane, et le jour de la banane celle-ci finissait sa route dans les toilettes.

Nous avions des toilettes à la turque situées dans la cour. Après avoir jeté une banane pendant plusieurs jours, je les ai bouchées, un élève m'avait dénoncé, résultat : convocation de ma mère par la maîtresse. Ma mère était en colère, ne comprenant pas pourquoi je ne voulais pas goûter. La plupart de mes copines n'en avaient pas et moi j'avais l'impression d'être un bébé. À partir de ce jour, plus de banane, plus de brioche. J'avais gagné.

On jouait à la marelle dans la cour de l'école. Aux osselets. À la corde à sauter. On goûtait au plaisir de sauter par-dessus la corde à pieds joints, puis à cloche-pied, ou de manière aléatoire selon nos propres règles. Récemment j'ai acheté des osselets, je m'entraîne pour la dextérité des doigts.

Avec mes copines on a beaucoup joué à l'élastique. Principalement à trois. Une à chaque extrémité, l'élastique au niveau des chevilles en écartant les pieds de quelques centimètres, et la troisième sautait. Le but était de faire des figures sans se tromper en chantant. Une fois la série réussie, l'élastique montait d'un cran jusqu'aux genoux, puis aux cuisses, jusqu'à ce qu'il ne soit plus possible de sauter.

Celle qui échouait remplaçait un des joueurs qui tenait l'élastique. Lorsque nous étions deux, on utilisait le tronc d'un arbre, un poteau, tout ce qui pouvait remplacer une paire de jambes.

Ce qui m'a particulièrement passionné c'était les billes. Un jeu très courant dans les cours d'école. J'ai participé à de nombreux concours, souvent avec les garçons. Geneviève, une copine, en fait une fausse copine, était souvent mon adversaire. Nous nous sommes battues plus d'une fois. Elle perdait souvent et trichait, je ne supportais pas du tout.

On jouait aussi beaucoup au jeu des sept familles. C'est le seul jeu de cartes qui me plaisait, encore aujourd'hui je ne joue pas aux cartes.

Chaque année, nous avions une sortie originale. Au programme poésie, on devait apprendre la Marseillaise et les instituteurs nous emmenaient au cimetière du village le 11 novembre pour la chanter.

Ça faisait partie de notre éducation et pour nous c'était normal. Je crois qu'on appréciait tous ce moment particulier.

Surtout lorsque Marc, un garçon de la classe, terminait la chanson par pom pom pom pom…

Mon grand-père Bouvier se prénommait Claude Joseph, comme Rouget de Lisle, l'auteur de notre hymne national. On me l'avait dit et j'étais fière, fière parce qu'il avait le même prénom que cet homme connu, compositeur et poète.

Sur le chemin de l'école, beaucoup de prairies étaient pentues. Les enfants s'y rendaient à pied. Les plus grands veillaient sur les plus petits.

On chahutait, on se racontait des histoires, on chantait, on passait presque tous les jours à la petite épicerie près de l'école pour acheter des bonbons. Tout en rigolant, on se rapprochait de chez nous.

L'hiver on partait de la maison avec un carton en guise de luge. On traversait les champs et, arrivés en bas de la pente, on cachait notre carton. Quand on rentrait après l'école, on le récupérait pour le lendemain.

Ma mère glissait sous mes vêtements du papier journal, à même la peau pour me protéger du froid. Je détestais cela et une fois dehors, j'enlevais cette couverture improvisée.

Vers 17 h je rentrais de l'école, j'ouvrais la porte du four de la cuisinière, je quittais mes chaussures et m'installais devant sur une chaise. Je posais mes pieds à l'intérieur pour les dégourdir et leur redonner une température décente.

Il fallait un bon moment pour retrouver une circulation sanguine qui ne soit pas douloureuse.

Je remuais tous mes orteils, mes pieds nus jouaient aux marionnettes, et j'imaginais Guignol dans un théâtre.

Aujourd'hui j'ai rencontré Arlette qui m'a dit :

— Tu te rappelles quand mon père venait nous chercher en moto.

— Oui, c'était un super moment.

— Ton frère Jean-Paul s'asseyait derrière ton père et nous deux étions devant sur le réservoir.

Quatre sur une moto, c'était grisant. Trois kilomètres c'était court et sur une route de campagne on ne croisait personne.

Les autres jours sur le chemin de l'école on se séparait à mi-parcours. Une partie des enfants partaient à droite, Gabi et Morena les deux sœurs, à gauche ils étaient un peu plus nombreux, Danièle et son frère Walter, Jean-Marc et Michel, et Georges et Joël les deux derniers frères, et nous restions quelques-uns à continuer tout droit.

Au croisement se trouvait une fontaine. Un jour en chahutant, Jean-Paul, le frère d'Arlette, était tombé dedans.

Récemment nous nous sommes retrouvés avec un groupe de copains de cette école. Nous étions 25 élèves et nous avons convié

Monsieur et Madame Pelletier, nos instituteurs de l'époque. C'était très émouvant et les revoir nous a plongés 58 ans en arrière. Se retrouver après tant d'années était tout simplement magique.

Dans ce hameau habitait Annie, ma marraine. Sa mère, une dame un peu forte, portait le prénom de Gracieuse qui lui allait comme un gant, toujours gentille, toujours souriante. Maurice, son mari, était aussi un homme très gentil. Gracieuse avait deux sœurs, dont une qui habitait au Crozet. Elle n'avait qu'un fils et son parrain était le Général de Gaulle qui était venu en hélicoptère pour le baptême de cet enfant. Ce fut un événement pour notre village.

Dans les bras de ma jolie marraine. En 1962, j'avais 5 ans

C'était une grande amie de ma mère. Annie a un frère, Guy, actuellement maire de Vif. Cette famille était formidable.

C'est d'ailleurs chez eux que j'ai regardé à la TV Neil Armstrong marcher sur la lune le 21 juillet 1969 au cours de la mission Apollo 11. Un exploit gravé dans les mémoires qui a fait entrer l'Américain dans l'histoire.

Neil Armstrong a posé le pied sur La Lune et prononcé cette célèbre phrase : « Un petit pas pour l'homme, mais un pas de géant pour l'humanité ».

Pour moi qui suis passionnée par le ciel, les étoiles, l'univers depuis toute petite, c'était vertigineux.

La même année, Carrefour Echirolles ouvrait ses portes. Première grande surface avec un rayon incroyable de livres. Mes parents faisaient leurs courses, et pendant ce temps je m'asseyais par terre et lisais un livre. Avant de partir, j'avais le droit d'en choisir un.

À chaque visite j'en avais un nouveau.

Avec les livres je m'évadais, comme avec la TV plus tard. J'allais avec ma mère regarder le journal télévisé chez un couple de voisins. Un couple de personnes âgées, des gens très gentils, ils avaient la TV, nous pas encore.

Le soir j'attendais l'heure du journal avec impatience, il était présenté par Bernard Volker. Il parlait de la France, mais du monde aussi. En 1968, il suit les événements du Printemps de Prague, il est le plus jeune présentateur du Journal Télévisé, d'août 1968 à 1970. Lors de l'un de ses premiers directs, il commente depuis Paris l'entrée des troupes soviétiques en Tchécoslovaquie.

Ce qui me faisait très peur, c'était la guerre du Vietnam.

L'année 1965 marque un tournant de la guerre, parce que les choses auraient pu tourner autrement. On a beaucoup commenté sur ce qui se serait passé si Kennedy n'avait pas été assassiné.

Certains éléments laissent à penser qu'il n'aurait pas pris la décision de son successeur, et qu'il était fondamentalement opposé à l'envoi des GI.

Le conflit a fait des dizaines de milliers de victimes civiles vietnamiennes. Vu par mes yeux d'enfant, c'était terrifiant. Je ne comprenais pas cette guerre et j'avais l'impression que le Vietnam allait disparaître de la surface de la Terre.

Mon frère m'avait offert pour Noël une mappemonde version globe, et lorsque le journaliste avait mentionné un pays je scrutais cette boule colorée pleine de mystères.

J'imaginais tous ces pays au-delà des mers et des océans.

Verrai-je un jour les océans magiques, les fleurs multicolores d'autres pays, les rochers en bord de mer sous le soleil ? Je rêvais de fouler le sol de l'un d'eux. Une liberté intérieure se mettait en place.

Sans quitter mon hameau, je m'évadais. Pour cela il fallait se dépêcher de grandir.

Plus tard je suis allée en Italie, en Espagne, à New York, en Irlande, en Norvège... aujourd'hui encore je rêve de fouler d'autres sols, d'admirer les aurores boréales, de dormir dans un phare, de voler en montgolfière, de partir à l'aventure dans le Venice Simplon-Orient-Express.

Aujourd'hui je lis beaucoup d'auteurs américains, mais j'affectionne particulièrement Henri Troyat et Jean Giono. Et mon deuxième livre fétiche est « le bruit solitaire du cœur » de Troyat.

Je peux l'ouvrir, lire quelques pages, placer un marque-page n'importe où et reprendre la fois suivante à cet endroit. Une petite manie parmi d'autres.

Et oui, je lisse mon tube de dentifrice chaque fois que je l'utilise, je coupe les petites capsules vides des médicaments, mais chut... c'est un secret.

Dans les années 60, mes parents ont acheté une télévision, plus besoin d'aller chez les voisins le soir, et l'après-midi je regardais Thierry la Fronde. J'aurais bien aimé être Isabelle, sa princesse préférée.

Dans les années 70, on suivait Quentin Durward qui a dû fuir son Écosse natale pour rejoindre la France et lui aussi avait son Isabelle, comtesse Bourguignonne. Et Belle et Sébastien inséparables qui vont vivre bien des aventures.

En 1969 est sortie la série « les envahisseurs ». Pour lutter contre ces envahisseurs qui nous ressemblent, David Vincent disposait d'un seul indice : leurs petits doigts, ils ne peuvent pas le plier.

Dans la même période, le téléphone est arrivé à la maison. Mes parents l'avaient installé à l'extérieur à l'abri contre le mur du four à pain. Les voisins pouvaient l'utiliser moyennant quelques pièces.

Petite, j'ai eu un vélo avec des stabilisateurs, et ensuite un vrai, un grand. J'avais 8 ou 9 ans, c'était un grand vélo pour qu'il puisse durer plus longtemps. C'était incroyable, j'étais libre d'aller où je voulais dans la limite bien sûr autorisée par mes parents.

Mais c'était une forme de liberté. Je faisais des allers-retours dans le hameau. Je descendais au village voisin voir ma copine Gaby.

Un dimanche matin, j'avais dû aller à l'église pour assister à la messe. Pour être au top ce jour-là, on avait des vêtements pour le dimanche et ceux réservés à la semaine.

Arlette ma voisine m'avait prêté cinq centimes pour acheter des bonbons, des soucoupes et des pailles avec de la poudre acidulée et des bâtons de réglisse à mâcher pendant des heures. On pouvait acheter cinq bonbons, c'était énorme, on était bien loin de l'euro.

Le lendemain, pendant la dictée du jour, elle m'a réclamé ce qu'elle m'avait avancé et la maîtresse a surpris notre échange. Résultat : une punition. 500 lignes chacune, c'était énorme comme sanction.

Je n'étais pas contente, je râlais et je me suis retrouvée au piquet, près de la porte à l'extérieur.

En colère contre ma copine qui aurait pu attendre pour me réclamer ses cinq centimes et contre l'institutrice, je suis partie. J'ai quitté l'école. J'ai coupé à travers champs et je suis rentrée chez moi. J'avais sept ou huit ans et parcourir trois kilomètres seule était pour moi un exploit. Il n'y avait pas de voiture et c'était une expédition incroyable.

Je m'en souviens encore très bien. Mes parents étaient moins réjouis, mais je n'ai pas été punie. Pour eux la maîtresse avait été injuste.

Mes parents étaient catholiques.

Ma grand-mère croyait et pratiquait, ma mère assistait de temps en temps à la messe et pour mon père je n'ai jamais vraiment eu de réponse à mes interrogations.

Je pense qu'il n'aimait pas trop aborder ce sujet qui était tabou pour lui, un peu comme pour la politique. Il votait à gauche, ma mère aussi, mais je l'ai su plus tard par hasard. Il n'allait jamais à la messe. Quand il rentrait dans une église, c'était pour un mariage ou un enterrement.

Ma grand-mère y allait régulièrement, toujours à pied. J'ai dû suivre le catéchisme. Un jour, j'ai demandé au curé du village pourquoi la Sainte Vierge était vierge. J'ai reçu une gifle en guise de réponse. Il était vieux et portait une soutane et des guêtres. Il faisait un peu peur. J'ai quand même passé ma petite communion, suivie de la grande. Je n'avais pas le choix.

La cérémonie avait lieu dans l'église des Saillants du Gua, un village voisin.

C'était l'été et ce jour-là il faisait très chaud. Mon aube avait plusieurs jupons, je n'en pouvais plus. Je me suis évanouie. Cependant, j'étais heureuse, car la famille était invitée, et c'était toujours la fête.

J'ai eu des cadeaux pour marquer cette journée. On m'a offert une montre, une chaîne en or avec une croix, une jolie croix ciselée. Depuis je l'ai vendue, et j'ai cessé de croire en Dieu. Je n'y ai d'ailleurs jamais vraiment cru, je pense que je suis athée depuis ma naissance.

J'allais aux Saillants pour préparer ma communion. Un après-midi de catéchisme je rentrais et sur le chemin je fus stoppée net par une immense couleuvre au milieu de la route.

M'entendant arriver, elle s'arrêta, elle me fixait. J'étais tétanisée, comme hypnotisée. Nous sommes restées quelques secondes l'une en face de l'autre. J'avais l'impression que le temps venait de s'arrêter.

Impossible de passer, je restais là mes pieds cloués au sol quand soudain j'entendis un bruit.

C'était mon frère qui venait à ma rencontre en mobylette. D'un coup, cet affreux reptile prit la fuite et j'oubliais rapidement cette mésaventure en grimpant sur la mob de mon frère.

J'étais une enfant joyeuse, j'aimais bien faire des blagues. Plus tard, j'adorais appeler des proches et me faire passer pour quelqu'un d'autre. Surtout le 1er avril.

Même si l'on sait que c'est le jour des blagues, ça fonctionne. La personne tombe dans le piège. Et ça me fait rire.

J'ai appelé un cousin et me suis fait passer pour le service des eaux. Je lui ai demandé d'ouvrir et fermer le robinet d'eau plusieurs fois. C'était trop drôle.

Au bout d'un moment, j'ai ri et il m'a reconnue. Ensuite j'ai recommencé avec un oncle. Et ce dernier m'a avoué qu'il pratiquait lui aussi cette blague le 1er avril. Et ça marche toujours.

Les vendanges…

Mes parents possédaient des vignes, et les vendanges duraient deux ou trois jours. Ce n'était pas un grand vin, un simple vin de table, mais mon père en vendait et il était apprécié.

Maman préparait à manger pour au moins vingt personnes pendant plusieurs jours et c'était la fête, les enfants couraient partout, on grignotait du raisin en le cueillant et en fin de journée on buvait ce qui ressemblait à du jus de fruits, mais qui pétillait un peu, qui était la fin du jus de raisin et le début du vin.

On remplissait les paniers pour les transvaser dans les bennes en bois. (Aujourd'hui j'en ai une dans mon jardin, un beau rosier rouge y a pris racine.)

Ensuite on les vidait dans une cuve immense, le pressoir, et on foulait aux pieds.

Le foulage consistait à faire éclater les baies de raisin pour en extraire le moût sans écraser les pépins. Parfois on utilisait un bâton, style gourdin qui était aussi très efficace. Mais le foulage avec les pieds était beaucoup plus amusant pour l'enfant que j'étais.

Mon père racontait souvent qu'on avait une assez grosse exploitation, 40 hectares, beaucoup de vignes, on produisait 40 hectos de vin par saison.

Il y avait beaucoup de vignes à Saint-Martin-de-la-Cluze, la plupart dans des pentes très raides, et pas de motobineuses bien sûr.

Rien qu'aux Benais on avait deux hectares. C'étaient de vieux plants de pays, du Grand Noir, de l'Alicante, du Petit Boucher, tous greffés, de gros producteurs qui donnaient un bon vin, mais avec de petits grains.

Mon père le vendait dans les cafés à la Motte d'Aveillans, il avait des clients essentiellement là-haut, 7 ou 8 hectos par client.

C'était un vin léger, peu épais, un peu chaptalisé, qui arrivait au maximum à 11°.

— Et le vin, disait-il, l'œil malicieux, j'aime bien, je n'ai pas le gosier en jambe de chien, moi comme on dit !

— Ben, oui, j'ai le gosier bien droit, quoi. Bien en pente. Ha ha ha…

Il disait aussi :

— Je suis un gueulard, mais c'est génétique, j'ai des circonstances atténuantes.

Mon raisin préféré a toujours été le Noah, mon père en avait plusieurs rangées. Il en a d'ailleurs gardé quelques plants pour moi, car je suis pratiquement la seule à l'apprécier.

C'est un raisin blanc, ses grappes sont moyennes, avec de gros grains et une pulpe molle qui se détache facilement.

Il est généralement très sucré.

Sa grande particularité étant son goût unique de fruit des bois très prononcé surtout grâce à sa pulpe.

En 1934, il a été interdit en France. On dit que ce raisin est hallucinogène et qu'il rend fou.

La culture des vignes représentait beaucoup de travail, il fallait sans cesse entretenir, attacher, rajeunir la vigne. Couper entièrement le vieux bois au-dessus d'une jeune pousse, et ne pas oublier le binage entre chaque rangée.

Pour cela, mon père utilisait une charrue tirée par un cheval et plus tard par un tracteur.

Entre les vignes mon père plantait des pommes de terre en grosse quantité, car il en vendait. Et l'hiver on pouvait ramasser de la doucette (mâche), on grattait un peu la neige lorsqu'il y en avait et on découvrait cette petite salade qui me régale toujours.

Il disait aussi qu'il avait planté des pins, pour que Gilbert puisse les couper et les vendre en bois de charpente.

On faisait du blé et du fourrage, environ 600 kilos de pommes de terre par an. Et puis des lapins, des poulets, des oies, des canards et des pigeons !!!

Les pigeons…

Près de la maison familiale se dressait une grosse bâtisse, avec sur le côté d'une façade des ouvertures qui ressemblaient à des meurtrières.

Mon père élevait des pigeons. Lorsqu'ils arrivaient, on mettait une grille devant l'ouverture pour que ces volatiles s'habituent au paysage. Au bout de quelques jours, on enlevait le grillage et les pigeons prenaient leur envol. Ils revenaient tout le temps et j'étais toujours épatée. J'étais convaincue qu'ils étaient intelligents, mais j'étais toujours triste lorsqu'ils finissaient dans une casserole, rôtis avec de petites pommes de terre sautées.

On appelait ce bâtiment le four, car à l'intérieur se trouvait justement un immense four dans lequel on faisait sécher des pruneaux, semblables aux pruneaux d'Agen.

On les dégustait l'hiver, posés tout simplement sur les bonnes tartes que ma grand-mère faisait cuire, ainsi que des pizzas et du pain.

Mon père possédait un alambic.

Il distillait son raisin pour obtenir de l'alcool de fruit, qu'il vendait aussi. Dans les années 70, il m'a donné ses vignes en héritage. Mon frère aîné qui n'était pas une bonne personne a appelé les gendarmes leur demandant de venir contrôler notre père en train de distiller. Les vignes ne lui appartenaient plus, mais je l'avais bien évidemment autorisé à distiller pour moi.

Les gendarmes ont très bien compris que la situation était compliquée, ils sont repartis, promettant à mon père qu'ils allaient appeler mon frère pour lui demander de ne plus les déranger pour rien.
À l'époque il avait le droit de posséder un alambic, et pouvait distiller une certaine quantité de litres, en fonction de la récolte.

Aujourd'hui il est interdit de distiller de l'alcool à moins d'être propriétaire d'au moins un arbre fruitier ou d'une vigne, de le faire dans un atelier public et d'avoir rempli au préalable une déclaration de distillation.

Le tracteur…

Au printemps mon père avait beaucoup de travail et un jour il me demanda si je voulais conduire le tracteur, je devais avoir 14 ans et j'étais enthousiaste à l'idée d'être conductrice et non passagère.

Mon père accrochait une charrue à l'arrière, il montait dessus pour bien ouvrir la terre et ensuite planter des pommes de terre.

Il n'était pas question que ma mère l'apprenne, car elle se faisait trop de souci et aurait refusé. Tout se passait bien, j'aidais mon père régulièrement et j'aimais beaucoup. Seulement un jour, le tracteur s'est emballé. Arrivée près d'un ravin, j'ai braqué trop à droite et le tracteur a commencé à descendre la pente.

J'ai entendu mon père crier :

— Saute, saute, vite.

J'ai sauté, je suis tombée sur le côté et me suis foulé une cheville.

Quelle catastrophe !!!

Mon père était dans tous ses états.

— Que va dire maman ?

— Comment on va lui expliquer que tu as sauté du tracteur qui descendait le ravin…

— Je vois bien que tu as mal, ta cheville va enfler, tu ne pourras plus marcher.

— On ne va rien dire ! d'accord ?

Je boitais et j'ai raconté que j'étais tombée de vélo. Affaire classée !!

Mon père a dû remorquer son tracteur pour le remonter.

Heureusement il avait décroché la charrue, car déséquilibrée dans la descente, elle aurait pu tanguer et me rouler dessus lorsque j'ai sauté.

Par chance, au milieu du ravin se trouvait un énorme noyer avec un tas de bois qui l'a stoppé net. Ouf !! Plus de peur que de mal.

Mes parents avaient beaucoup de sujets de discorde, aussi ce jour-là je pense qu'il n'avait pas envie d'en rajouter.

Malgré leurs disputes régulières, ils conservaient des points communs.

Le catch !!!

Ils adoraient assister à un match de catch. Parfois ils passaient la soirée à Grenoble et moi je restais seule. J'avais entre douze et quatorze ans.

Ma grand-mère habitait la maison voisine, mais même si je ne disais rien j'avais un peu peur. L'hiver je fermais les volets, je guettais les bruits. L'été je laissais tout ouvert. La porte de la cuisine, celle de la salle à manger et la fenêtre. Je pensais que si quelqu'un arrivait, je pourrais enjamber et partir en courant.

Ce qui était ridicule, car Tango, notre chien, restait devant la maison et au moindre bruit, au moindre passage d'un étranger, il aboyait.

C'était un gentil chien de chasse, mais il n'hésitait pas à montrer qu'il était là et qu'il gardait la maison.

Il était noir et blanc, je m'en souviens très bien. Mon père en a eu d'autres, mais lui je l'ai gardé en mémoire.

Tango... devant le jardin de ma mère

Les noix…

Avant les vendanges il fallait penser aux noix. Mes parents possédaient une noyeraie composée d'une trentaine d'arbres.

Elles étaient prêtes pour la cueillette lorsque le brou passait du vert au brun et éclatait, le fruit s'échappait de sa coque et tombait au sol.

On devait les faire sécher au soleil sur de grandes claies en grillage afin que l'air puisse circuler. Et les mettre à l'abri le soir pour les protéger de l'humidité et éventuellement de la pluie. Mon père les triait, vendait les plus grosses et décortiquait les petites pour en faire de l'huile de noix.

La récolte s'étalait ainsi sur une période relativement courte, mais c'était encore beaucoup de travail. Afin de les rendre présentables, on les brossait et les lavait à grande eau.

Pour celles qui restaient sur l'arbre, il fallait gauler, prendre une grande perche et secouer les branches.

Ensuite, les ramasser avec des gants pour ne pas avoir de traces couleur brou de noix sur les doigts.

La famille et les amis venaient aider, ma mère qui était une excellente cuisinière préparait le repas pour tout ce joli monde pendant plusieurs jours, c'était agréable, joyeux et festif.

Pour la Saint-Jean, maman préparait du vin de noix. C'était la bonne période, les noix étaient gélatineuses à l'intérieur.

Elle ajoutait du vin, de l'alcool et du sucre. Le but était de laisser macérer plusieurs mois avant de le déguster. À présent, c'est moi qui prépare mon vin de noix.

L'automne s'installait et la chasse commençait. Quand mon père tuait un sanglier, on avait droit à un délicieux civet. Ma mère préparait sa marinade avec un vin rouge, et ensuite la viande cuisait pendant plusieurs heures. C'était un régal.

Elle réussissait particulièrement les îles flottantes, appelées par elle « œufs à la neige », les bugnes et les tartes aux fruits.

J'allais oublier les châtaignes, confiture de châtaignes ou grillées à la poêle !! Quel délice !! Et aujourd'hui je continue de griller les châtaignes.

Fin d'automne, début d'hiver, mon père et mon oncle Philippe achetaient un cochon pour le tuer, et le partager.

C'était jour de fête, sauf pour moi qui fuyais pour ne pas voir cet animal condamné à mort. Il était découpé en morceaux, ma grand-mère confectionnait du boudin, des morceaux étaient mis dans de grandes jarres sous une grosse quantité de sel. On en mangeait pendant toute l'année jusqu'au cochon suivant.

La moisson…

L'été, parce que la saison l'exigeait, mon père travaillait très tard le soir.

Souvent il ne mangeait pas avec nous, ma mère lui gardait sa part de côté. Parfois elle préparait des œufs brouillés avec de la sauce tomate, et lorsqu'il mangeait je picorais dans son assiette. J'ai toujours aimé ce plat.

Il terminait ses journées dehors comme on disait, sans jamais se plaindre. Il cultivait du blé, de l'orge et de l'avoine. Tout le village était mobilisé, chacun aidait son voisin. Avec mes copines on aimait se cacher sous les groupes de gerbes.

Il y avait le ballet des moissonneuses-batteuses qui coupaient les tiges, battaient les épis et séparaient les grains, et les tracteurs recouverts de poussière de paille. Ces engins énormes étaient pour moi des monstres avalant les champs.

On utilisait aussi une faucheuse qui regroupait au sol les brassées. On suivait derrière pour en faire des gerbes en les liant à la main. Pour serrer chaque gerbe, on s'agenouillait dessus pour confectionner des fagots. On utilisait des liens qu'on avait achetés, qui servaient plusieurs années ou bien on faisait le lien avec de la paille.

L'iris bleu de mon père et le blanc faisaient tache de mer et d'azur sur son visage.

J'ai passé des heures à regarder près des vignes, au creux d'un fossé, dans les ornières d'un chemin, près d'un arbre, mon père qui travaillait comme un acharné, sans jamais se plaindre. Sa terre était toute sa vie.

Devant la maison nous avions un kaki, cet arbre était énorme et avec ses fruits orange je le trouvais majestueux. J'ai toujours adoré ce fruit, et l'hiver lorsqu'il faisait très froid nous les ramassions. Ils ont besoin de subir une petite gelée pour mûrir. Ils se récoltent donc tard en automne, voire pendant l'hiver, et se révèlent riches en vitamines bienvenues pendant cette période de froid.

J'avais l'impression que ces fruits recouverts d'un manteau blanc me tendaient les bras.

On les entreposait dans des cagettes qui restaient à la cave. Un par un, on protégeait les kakis dans du papier journal pour les conserver.

J'en donnais toujours à mes copines, surtout à Gaby, mon amie du petit village voisin. Elle les aimait autant que moi. Depuis, cet arbre magnifique a disparu, car mon frère aîné l'a coupé.

Lorsqu'il a hérité de la maison, il a défiguré le paysage en coupant le tilleul, le kaki et en enlevant la fontaine.

Je passais aussi beaucoup de temps à regarder les moineaux, les mésanges et les autres oiseaux du jardin qui venaient picorer les miettes de pain qu'on jetait à la volée après les repas.

Un matin un rouge-gorge était venu se poser sur la fenêtre de ma chambre. En plein hiver, on les nourrissait.

De l'autre côté de la fenêtre, côté chambre, mon chat dormait.

Un rouge-gorge vint taper au carreau, juste à la hauteur de la tête de mon chat qui se prélassait paisiblement.

Celui-ci sursauta, tomba et remonta sur le bord pour gratter frénétiquement à la fenêtre, alors que cette petite boule de plumes de l'autre côté, à quelques centimètres, penchait la tête en le regardant sans peur.

À partir de l'automne, j'achète des graines pour les nourrir l'hiver, car dans mon jardin, à La Coynelle, les oiseaux du jardin viennent me rendre visite.

Il y a des moineaux, des mésanges bleues, des mésanges charbonnières, des rouges-gorges qui paraissent toujours bien dodus, des bouvreuils, des pics épeiches noirs avec du rouge vif et du blanc, des geais avec du bleu sur les ailes, des oiseaux splendides, qui paraissent si fragiles sur leurs petites pattes fines et délicates. J'ai toujours l'impression qu'elles vont se briser au moindre souffle.

Mon père avait des ruches, et à l'automne pour récupérer le miel, on plaçait deux chaises dos à dos, devant la grosse cuisinière. On laissait un espace d'environ un mètre.

On posait un bâton sur les dossiers, et une bassine entre les deux. Mes parents posaient les alvéoles de miel dans un grand drap blanc et je le regardais fondre et couler.

Comme je suis gourmande, j'avais toujours une petite cuillère à la main pour chiper un peu de cette substance sirupeuse et sucrée, de couleur ambrée, que les abeilles élaborent avec le nectar des fleurs.

Notre maison avait vue sur un immense tilleul près d'un bassin. J'ai encore en mémoire l'odeur suave de ses fleurs qui me faisaient penser à des petits avions.

C'est d'ailleurs très précisément cette odeur de l'infusion, associée à celle des madeleines, qui, en réveillant ses souvenirs d'enfance, inspira une grande partie de l'œuvre de Marcel Proust.

Adolescente j'aimais me prélasser à l'ombre de ce bel arbre. Quelquefois je m'endormais, c'était sûrement l'effet sédatif des fleurs.

Dans l'eau de la fontaine, ma mère lavait les fraises du jardin, et un chat quelquefois venait en voler une pour la manger. Ça faisait rire ma mère qui était une personne joyeuse.

D'un côté une magnifique glycine embaumait l'air et de l'autre Tango le chien de chasse de mon père avait sa cabane. Il en profitait pour venir se faire caresser.

La fuite…

1974 l'année de mes dix-sept ans.

Une année marquée par des événements importants, début avril, la mort de Georges Pompidou pendant son mandat. Suivie par l'élection de Valéry Giscard d'Estaing. La mort de Marcel Pagnol, Charles Lindbergh le premier à avoir franchi l'Atlantique Nord en avion. Un peu plus gai, le Belge Eddy Merckx gagne son cinquième tour de France, pour sa cinquième participation, devant l'éternel second Raymond Poulidor.

Le personnage de Casimir apparaît pour la première fois sur C3, la troisième chaîne de télévision en couleur (la première chaîne était encore en noir et blanc), dans la nouvelle émission « L'île aux enfants ».

Cette année-là, j'ai quitté la maison.

Je n'en pouvais plus des disputes incessantes de mes parents.

Mon frère Gilbert s'était installé dans un appartement en ville et je me sentais seule et impuissante face à leur mésentente.

Ils se disputaient beaucoup, des disputes terribles. J'ai connu des moments sombres de mon adolescence où je me demandais à quoi ça servait de vivre.

Quelquefois j'avais envie de fuir. Prendre un sac et partir. D'ailleurs à 13 ans j'avais décidé de franchir le pas. Tout était prêt. J'avais mis dans un sac une lampe de poche, des gâteaux, de l'eau, quelques vêtements de rechange.

Un mot pour leur expliquer que je n'en pouvais plus, mais de ne pas s'inquiéter.

En fin de journée, j'ai placé une échelle contre le mur côté forêt. Je devais sortir dans la nuit. J'avais très peur, mais je voulais les obliger à réagir. J'avais repéré une grange abandonnée avec du foin.

Ce soir-là, mon oncle Philippe a décidé de venir passer la soirée chez nous. Il a débarqué avec ma tante Thérèse et mes cousins. J'ai dû reporter mon expédition. Puis mes parents se sont réconciliés une fois de plus, et je ne suis jamais partie.

Très rapidement nouvelle dispute.

J'ai entendu ma mère dire :

— Cette fois c'est terminé je pars, j'emmène la gosse.

La gosse c'était moi.

J'ai récupéré des cartons et j'ai commencé à emballer mes affaires. Mais ma mère n'est pas partie. J'ai dû tout remettre en place après avoir beaucoup pleuré.

Quelquefois mes parents pouvaient rester des semaines, voire six mois sans s'adresser la parole, même pas un bonjour. Parfois j'en voulais à mon père et je n'avais plus envie de lui parler.

Le soir je montais me coucher et je ne disais pas bonsoir. Ma mère me suivait pour vérifier que tout allait bien.

Un soir, mon père m'a interpellée au moment où je sortais, me demandant :

— Tu ne dis plus bonsoir ?

— Tu ne m'embrasses pas ?

— Si, répondis-je, mais je n'en avais pas envie, je lui en voulais.

Dominique…

Suite à leur divorce, ma mère est restée seule, de son côté mon père a refait sa vie avec Dominique, la voisine et amie !! Elle est venue s'installer dans le village lorsque j'étais gamine. Je passais beaucoup de temps chez elle.

Son mari était directeur d'Alibert, une entreprise connue, et elle recevait beaucoup.

Elle cuisinait et moi j'avais déjà le goût des belles tables que je dressais pour ses convives. J'aimais traîner dans sa cuisine. Elle n'a pas eu d'enfant, son mari étant dans l'impossibilité de procréer.

Elle était gentille avec moi et je passais beaucoup de temps chez elle lorsqu'elle était seule, car je n'appréciais pas du tout son mari. Je le trouvais affreux, il me faisait penser à un bulldog, avec ses gros yeux globuleux. Il n'avait pas d'humour et parlait peu.

Avec Dominique l'été on ramassait des chardons, on les faisait sécher pour les peindre et on se piquait aussi beaucoup les doigts. Mais c'était une occupation agréable.

Elle me prêtait régulièrement des livres. Elle connaissait ma passion pour la lecture, et elle lisait aussi énormément.

Le soir j'ouvrais mon livre sous ma couette, plutôt un édredon, un gros édredon moelleux et chaud.

J'avais une lampe de poche que je cachais lorsque ma mère montait l'escalier pour me souhaiter une bonne nuit. Le chat qui ronronnait au pied du lit sortait et ma mère refermait la porte. Je reprenais ma lecture.

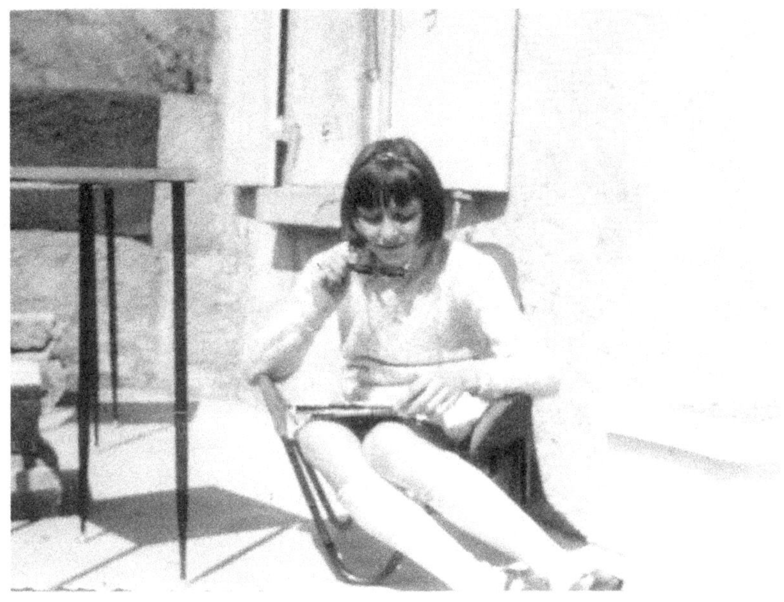

Les chevaux…

Mes parents n'ont jamais eu de vaches, mais deux chevaux.

Le premier s'appelait Champion et le deuxième Bijou, ils étaient magnifiques, l'hiver, ils restaient dans l'écurie, au chaud. Chaque jour on ouvrait la porte, ils partaient en courant faire le tour du terrain, buvaient un peu à la fontaine et rentraient tranquillement.

Les autres saisons, mon père les utilisait pour labourer les terrains. C'était des chevaux de trait.

J'ai pleuré quand il a vendu le dernier pour acheter un tracteur. C'est avec les chevaux qu'autrefois on cultivait la terre.

Joseph disait que mon grand-père en était mort. Il conduisait une faneuse, ce grand peigne pour ramasser l'herbe, tracté par une jument vive, mais un peu nerveuse.

Elle s'est emballée. S'est-elle emballée parce qu'il avait pris un malaise ?

Mon père disait :

— Il a dû basculer en avant et l'animal lui a mis un coup de sabot dans le crâne.

— Ou alors c'est ce coup de sabot qui l'a tué, on ne sait pas.

C'était en 1949. Il n'y avait rien de motorisé à l'époque.

Pas de tracteur.

Ensuite on a eu Bijou, on l'avait acheté poulain, à 6 mois, on l'a élevé, c'était le chouchou qu'on a gardé quatre ans, il était nerveux, et il mordillait quelquefois.

Joseph mon père et mon grand-père
Je n'ai que cette photo de mon grand-père avec mon père

Mes grands-parents ont eu un premier fils, Joseph né en mars 1914 est décédé en avril de la même année. Ensuite est arrivée Marguerite en avril 1917 suivie par mon père qui a hérité du prénom de Joseph le premier enfant, le 3 mars 1922.

Une petite dédicace au dos de la photo pour ma grand-mère...
Pour ma chère Adèle, en témoignage d'amitié...

Joseph

Il n'avait qu'une sœur, Marguerite.

Elle a épousé Roger, un policier, rencontré sûrement à la préfecture de Grenoble où elle travaillait. De cette union est né mon cousin Daniel marié aujourd'hui avec Martine.

Marguerite et Roger

Mon père aurait pu continuer ses études, il en avait la capacité, mais pour rien au monde il n'aurait quitté ses terres.

Depuis quelques années, Martine et Daniel habitent la maison de notre grand-mère.

Petit, il venait les fins de semaine avec ses parents, et parfois pendant les vacances scolaires.

Devant la maison était planté un énorme cerisier. On grimpait pour s'amuser.

Lorsque la mémé passait à proximité, Daniel lui jetait des cerises sur la tête, ce qui ne la faisait pas du tout rire. Je n'ai pas beaucoup de souvenirs avec lui, car il ne jouait pas trop avec moi. C'était le cousin de la ville.

Roger, son père, me surnommait Bébelle et je détestais ce surnom.

La basse-cour…

Il ne faut pas que j'oublie les canards, les lapins, les poules qui gambadaient de partout. Ma mère préparait une pâtée, un mélange de son et pommes de terre cuites.

Mon petit plaisir était de chiper dans la gamelle un peu de ce mélange que je trouvais délicieux. Je l'ai avoué bien plus tard à mes parents.

Je n'ai jamais été malade et je me plais à penser que les poules étaient ravies de partager avec moi.

Chaque jour on ramassait les œufs et j'adorais gober un œuf cru. À l'époque on ne parlait pas de salmonelle donc je me régalais. Aujourd'hui encore je mange le blanc à peine cuit et le jaune coulant avec du vinaigre.

Quand une couvée de canards voyait le jour, j'étais toujours émerveillée à la vue de ces petites boules jaunes sur pattes qui couraient dans tous les sens.

Mais surtout qui grandissaient à vue d'œil. Et ça me rendait triste de les voir évoluer si vite.

J'ai souvent nourri de petits lapins au biberon, trop petits ou trop faibles pour rester avec leur mère.

Dans la basse-cour il y avait un coq, souvent gentil et parfois méchant.

Un coq qui pique cela fait très mal, mais le pire c'est le pincement de l'oie.

Une oie qui a agrippé ma taille avec ses rangées de pointes qui ressemblaient à des dents.

Ce jour-là, ma mère et Jean-Claude, mon grand frère, dansaient dans la cuisine.

Ma mère mettait du talc sur le carrelage, mon frère allumait la grosse radio et ils dansaient, virevoltaient. C'était toujours agréable à regarder, moi qui ne savais pas danser et qui ne sais toujours pas.

Donc ce jour-là, une oie, plus précisément un jars avec son grand cou, s'est agrippée à moi comme une sangsue, il sifflait et mon frère riait à gorge déployée en me conseillant de ne plus bouger.

Je souffrais et ce grand dadais n'a pas bougé pour me libérer, j'avais envie de le frapper et sur le moment je l'ai détesté.

Il était personnel et ne pensait qu'à lui.

Gilbert a commencé à travailler dans une pharmacie à Vif à l'âge de 14 ans. Chaque fin de semaine son patron lui donnait un peu d'argent.

Parfois il allait bricoler dans la remise attenante à la maison et Jean-Claude le suivait.

Je me cachais pour voir ce qu'ils faisaient. Très souvent Jean-Claude lui demandait de l'argent.

Il lui disait :

— Tu peux me prêter 10 francs ?

— Si tu veux, disait Gilbert.

— Je te les rendrai bientôt.

Et il lui prêtait très souvent 10 francs qu'il ne revoyait jamais. Mais c'était son grand frère et il n'osait pas lui dire non. Jeune, il aimait l'argent, beaucoup trop.

Au collège de Monestier de Clermont, il a eu quelques problèmes et si mon père n'avait pas été conseiller municipal à cette époque je pense qu'il aurait eu de gros ennuis.

Une histoire de vol, vite étouffée, car mon père était connu, respectable et respecté.

Zuette…

Mais dans mon enfance il y a eu aussi une oie merveilleuse, Zuette, qui venait manger du pain dans la main. Elle allait le tremper dans le petit bassin près de la maison.

Elle rentrait dans la cuisine, c'était ma copine. Elle cacardait, gloussait et se laissait caresser par moi comme un animal domestique. Elle a vécu très longtemps… mais oui, il y a un mais…

C'était l'été, j'étais partie quelques jours chez mon amie Monique, et en retour elle venait dormir aussi à la maison. Quand nous sommes arrivées, le premier soir, ma grand-mère avait cuisiné et la viande était délicieuse.

Nous étions tous d'humeur joyeuse et dans la soirée, je cherchais Zuette, je l'appelais, je criais son nom en vain. Je commençais à imaginer le pire en pensant au repas du soir.

C'est à ce moment-là que mes parents m'ont expliqué qu'elle était tombée d'un mur et s'était gravement blessée. Ils avaient dû la tuer. En fait, j'ai rapidement compris qu'elle était vieille et en attendant encore plus pour la manger la viande serait dure !!!!

Cette annonce m'avait littéralement retournée. On ne ment pas lorsqu'il s'agit de la mort de quelqu'un, même de la mort d'une oie.

Ce soir-là, je voulais changer de famille pour ce mensonge éhonté, pour ne pas avoir le courage de me dire la vérité.

On avait tué mon oie, mon amie, ma confidente, cet animal sans défense que j'aimais tant.

J'ai beaucoup pleuré, malheureuse d'avoir apprécié ce bon plat, et malheureuse surtout, car si je l'avais su je n'aurais jamais participé à ce repas. Pour moi c'était comme un coup de poignard dans le dos.

Me donner Zuette à manger était pour moi la pire chose qui pouvait arriver, comme une trahison de ma part pour l'avoir coupée en morceaux dans mon assiette. Monique s'en souvient encore.

Monique, Gaby et les copains…

Monique, mon amie de maternelle, un an de moins que moi, m'a appris à nager. Attention je suis très nulle dans l'eau, surtout à la mer, je n'ai pas de repères, impossible de mettre la tête sous l'eau. Mais si un jour une personne m'emmène faire de la plongée avec masque et tuba, je relèverai le défi.

Monique était très patiente avec moi. Elle habitait un village voisin, je passais beaucoup de temps chez elle.

En fait, j'avais deux meilleures amies, Monique un peu sérieuse, et Gabrielle (Gaby) un peu fofolle comme moi. Je les aimais toutes les deux, mais chacune me voulait pour elle seule, du coup c'était un peu compliqué.

Gaby n'a jamais dormi chez moi, mais je la voyais beaucoup, car elle habitait moins loin que Monique. On allait ensemble à l'école.

Un samedi après-midi, nous avions acheté une bouteille de limonade et des tablettes de chocolat, et nous nous étions installées dans un champ pour refaire le monde, au-dessus du Genevrey, le village de notre école.

Ce jour-là, nous devions avoir des allumettes, car nous avons mis le feu à la forêt. On a raconté à ses parents qu'un champ brûlait, sa mère a appelé les pompiers qui ont rapidement maîtrisé le feu.

Nous n'avons rien dit bien sûr, on avait trop peur d'aller en prison. Et puis surtout avec nous il y avait Morena, sa petite sœur, sous la surveillance de Gaby donc nous n'avons pas fait les malines.

Une autre après-midi on a acheté du champagne, plus précisément c'est la grande sœur de Gaby qui a acheté la bouteille. Il nous fallait une personne majeure. C'était une demi-bouteille. J'avais apporté des verres en carton, des petits gâteaux et nous sommes montées au-dessus de Vif. C'était pour arroser une bonne nouvelle, c'était fantastique. Je m'en souviens comme si c'était hier.

Un après-midi inoubliable. Il faisait beau et allongées dans l'herbe, on imaginait l'avenir. On n'en a jamais parlé, c'était notre secret.

Et puis je craignais mon père. Certains parents disent à leurs enfants « fais bien le malin ou je te surveille » il me semble que le mien me disait parfois « je te vois » et moi je pensais, moi aussi je te vois.

Je ne m'aventurais pas trop en terrain inconnu. Je restais prudente dans mes actes. Enfin quelquefois j'oubliais ses mises en garde.

L'année de mes quinze ans, fin juin, comme chaque année les forains sont venus s'installer à Vif pour pendant quelques jours.

Avec Gaby, Monique et d'autres garçons et filles du collège, on passait du temps sur les auto-tamponneuses.

Et cette année-là, un forain qui était légèrement plus âgé que nous a rejoint à notre groupe. On flirtait, il faisait beau, l'école était bientôt finie. Un samedi après-midi, après avoir bien tourné sur la piste, nous sommes allés boire une menthe au bar du coin.

Je n'étais pas censée être à Vif et mon père n'était pas censé passer devant le bar.

Je l'ai vu sur le trottoir et je savais qu'il m'avait aperçue. Je suis rentrée chez moi très rapidement pour expliquer la situation à ma mère.

Elle était toujours de mon côté, elle me défendait, mais finalement mon père n'était pas si terrible.

La cueillette de l'aubépine…

Je n'ai pas beaucoup de souvenirs très heureux de mes parents. Ils se disputaient beaucoup et c'était terrible.

Cependant, un jour où ils n'étaient pas en guerre, ils ont décidé de faire une virée en voiture. C'était un dimanche après-midi, il faisait très beau et je suis partie avec eux.

Au départ c'était pour cueillir de l'aubépine, pour ses propriétés calmantes et apaisantes. Ma mère et ma grand-mère aimaient bien faire infuser des fleurs le soir avant d'aller dormir.

Ils se sont éloignés en me laissant dans la voiture. Mon père l'avait garée au bord d'une petite route et je suis restée seule à l'intérieur avec un livre.

Le temps passait, j'ai eu envie de les retrouver et je suis sortie. J'étais petite, je n'ai pas trop réfléchi et j'ai fermé les portes en laissant les clés du contact à l'intérieur.

Évidemment je me suis rendu compte très rapidement qu'il allait y avoir un problème.

Nous étions loin de la maison, je pensais qu'on allait devoir rentrer à pied.

Lorsque mes parents sont revenus, ils ont dû arrêter les véhicules qui passaient pour enfin arriver à ouvrir la portière. Mon père n'avait aucun outil sur lui et ma mère portait un panier de fleurs d'aubépine. Pas vraiment utile pour ouvrir une portière de voiture.

Un conducteur qui accepta de s'arrêter possédait une petite tige en métal dans son véhicule.

Après l'avoir tordue et glissée plusieurs fois entre la vitre et le caoutchouc, mon père réussit à ouvrir la porte pour mon plus grand bonheur.

Quelle incroyable aventure pour terminer cette belle journée ensoleillée !

La voiture et le dessin…

Mon père avait acheté une belle voiture, une 403 beige, l'intérieur était en simili cuir de la même couleur avec un liseré rouge. Elle roulait très bien et puis un jour elle est tombée en panne. Mes parents ont décidé d'en acheter une nouvelle plus moderne, plus récente.

La 403 est restée plusieurs mois dans un champ près de la maison.

Oui mon père gardait tout, et laissait parfois à l'abandon des objets qui avaient servi.

Au grand désespoir de ma mère qui passait derrière lui pour ranger.

J'ai passé des heures dans cette voiture, très souvent avec un livre.

C'était devenu mon coin, mon havre de paix. L'endroit où je pouvais lire, rêver, oublier les cris et les disputes de mes parents.

Dessiner aussi, j'aimais bien, mais j'étais nulle et on m'a conseillé de laisser de côté cette activité.

Parfois ma mère me disait :

— Qu'est-ce que tu faisais encore dans la voiture ?

— J'ai lu et j'ai fait un dessin.

— Je peux le voir ?

— Il n'est pas encore fini.

— Tu ne finis jamais, termine plutôt tes devoirs.

J'étais découragée par le non-succès de mes dessins.

Les grandes personnes ne comprenaient pas ma peinture et c'était fatigant de devoir toujours expliquer ce que j'avais dessiné. À huit ans j'ai abandonné une magnifique carrière de peintre !!

Je me contentai donc de colorier le bas de mes pages dans mes cahiers, des carrés ou des losanges en couleur. On faisait tous la même chose.

Et rien de changé à l'horizon, Anaé, ma petite-fille de 5 ans, dessine mieux que moi.

La balançoire…

Tout près de la maison étaient plantés des arbres fruitiers en grande quantité.

Mon préféré était un énorme poirier, très vieux, avec de moins en moins de fruits.

Mon père avait installé une balançoire sur une grosse branche. Elle m'offrait une activité solitaire. Je me balançais tranquillement, en pensant à la vie, les deux mains accrochées aux cordes, les fesses calées sur la planche de bois, les cheveux dans le vent. Et parfois j'allais de plus en plus haut, de plus en plus loin, de plus en plus vite. La tête en arrière je contemplais le ciel et je m'évadais.

Dans ce petit coin qui me plaisait tant, il y avait souvent des couleuvres, elles venaient boire au petit bassin, et c'est aussi pour cela que je n'aimais pas sortir la nuit pour aller aux toilettes.

J'imaginais qu'elles se baladaient et j'avais toujours peur de poser le pied sur ces serpents aux grandes écailles entre les yeux et la bouche, à pupille circulaire, à longue queue, qui me dégoûtent et me terrifient toujours.

Il y avait aussi une autre balançoire chez mes voisines Arlette et Monique, accrochée à un marronnier centenaire qui est toujours là.

Nos voisins avaient des vaches en pâture dans un champ devant leur maison. L'occupation de l'été était de confectionner des vêtements avec les feuilles du marronnier.

On les assemblait avec des brindilles, on fabriquait des jupes et des hauts.

Cette activité durait des heures, on se retrouvait habillées tout en vert et on ressemblait à des Indiennes. C'était très drôle. C'était notre façon de passer le temps.

J'allais souvent chez elles, mais elles venaient rarement chez moi. Leurs parents n'aimaient pas trop les voir s'éloigner. Thérèse leur mère fabriquait de la limonade maison avec du citron et c'était délicieux.

Elles avaient un grand frère, Jean-Paul.

Il n'était pas très gentil avec moi. L'hiver, lorsque la neige fondait un peu sur le chemin près de la maison, je confectionnais des boules de neige.

Je les disposais à intervalle régulier et je slalomais entre chaque boule avec mon vélo. Quelquefois, en cachette, il mettait une pierre à l'intérieur. Il m'arrivait de la toucher et de tomber.

Mes parents n'étaient pas très contents, mais ils ont toujours eu de très bonnes relations, car c'était des voisins sympathiques et serviables.

Thérèse et Paul, les parents, sont morts, et Jean-Paul aussi.

Il est parti brutalement il y a déjà quelques années. Arlette et Monique, les deux sœurs vivent toujours dans leur maison.

Le redoublement…

Lorsque j'ai terminé mon CM2 à l'école du Genevrey, j'étais censée aller au collège de Vif. Cette année-là, il s'est passé une chose incroyable, nous allions avoir un bus scolaire. Mais pour cela il devait y avoir au moins deux élèves par village. Arlette, ma voisine, redoublait son année scolaire.

Il paraît que j'étais une élève douée et si je redoublais pour être la deuxième élève du village, pour bénéficier de ce fameux bus, je rattraperais sans problème.

L'instituteur a convoqué mes parents pour leur annoncer la nouvelle. Ils croyaient en moi et ont accepté cet arrangement.

On m'a offert des livres pour avaler la pilule plus facilement. (Les quatre filles du docteur March, Le chat botté) et 2 autres dont j'ai oublié le titre.

J'étais révoltée, sans même savoir de quoi était faite cette révolte.

J'étouffais mes sanglots avant de sentir les larmes brûler mes joues, comme chargées d'un feu venu de l'intérieur. J'étais effondrée, je ne sentais plus mes jambes. Je tournais en rond, je ruminais mes pensées.

Je repassais cette information encore et encore dans ma tête, jusqu'à m'en donner le tournis. Je suis rentrée tristement chez moi et je pensais… pourquoi moi ?

Au fil du temps, ce sentiment d'injustice a grandi. Et mon échec scolaire est devenu un abattement général.

Quand je suis arrivée l'année d'après au collège, mes copains passaient en cinquième. Je n'étais plus des leurs. J'ai mis du temps à m'adapter, et c'est à ce moment-là que j'ai décidé d'arrêter mes études.

Par désespoir, par incompréhension, par révolte. Je devais faire face à l'univers tout entier.

Dans les années 70, mes parents étaient agents d'assurance pour une compagnie connue. Pendant une semaine tous les mois, ils passaient chez les assurés pour encaisser la cotisation.

Madame X, mon professeur de français, habitait à Varces. Chaque mois, mes parents la rencontraient pour encaisser sa cotisation d'assurance et elle en profitait pour leur faire un compte-rendu de mes notes. Je la détestais tellement qu'un jour pendant la récréation j'ai mis de la colle sur sa chaise.

J'espérais qu'elle y reste collée. Pas de chance, au moment de s'asseoir, elle a remarqué l'aspect bizarre du dessus de chaise. C'était la fin de l'année scolaire et un voyage organisé devait avoir lieu la semaine suivante. Elle a menacé d'annuler le voyage si l'élève fautif ne se dénonçait pas.

Je savais que c'était impossible. Je ne l'ai jamais avoué et nous sommes partis en voyage. Une partie de la classe a compris que c'était moi, mais personne n'a rien dit.

Tout le monde la détestait. Elle était très forte et lorsqu'elle écrivait au tableau, si elle entendait des murmures ou des rires elle était toujours persuadée qu'on se moquait d'elle. J'avoue que c'était souvent vrai.

Par chance j'ai toujours été intéressée par le français, la langue française, les beaux textes, les mots. J'ai beaucoup lu et c'est ce qui m'a sauvé. Ma façon de m'instruire, de m'évader, de découvrir le monde.

J'aimais aussi la mythologie grecque, l'histoire des dieux. J'ai parcouru les Cyclades où Ulysse errait vers les nymphes. J'ai rencontré Circé, une célèbre magicienne, fille d'Hélios, le dieu soleil. Quelle incroyable aventure !!

Par révolte, je n'ai pas passé mon brevet des collèges. Mes parents ont compris bien trop tard, et beaucoup regretté d'avoir accepté la proposition de mon redoublement.

Je leur en ai voulu pendant très longtemps.

Aujourd'hui ça n'a plus trop d'importance, mais quand même… que serais-je devenue si j'avais eu la même chance que les autres enfants ? Professeur peut-être, c'était ce que je voulais. Finalement ça n'a plus d'importance du tout.

Un jour, un commercial de cette compagnie est venu à la maison pour parler travail avec mes parents.

Il devait avoir à peine trente ans, c'était un beau jeune homme. Moi j'avais quatorze ans et je partais rejoindre ma copine Gaby pour la piscine de Vif.

Une heure plus tard, nous sommes arrivées près de la piscine. On devait traverser quand je vis arriver ce charmant jeune homme en voiture.

Je décidai de lui faire un signe. Surpris de me voir, il freina brutalement et la voiture qui arrivait derrière emboutit son véhicule. J'étais très gênée et nous avons décidé de faire comme si nous n'avions rien vu. Je m'en souviens très bien encore aujourd'hui.

Cette année-là au cinéma, Romy Schneider, cette actrice incroyablement belle, tournait les choses de la vie, Barbara chantait « L'aigle noir » et Mike Brant « Laisse-moi t'aimer ».

Evelyne, ma petite cousine…

Juillet était le mois que j'attendais avec le plus d'impatience, et trois années consécutives Evelyne, une petite cousine est venue en vacances pendant l'été, et puis elle est sortie de notre vie. Je n'ai jamais su pourquoi.

Elle avait deux ans de moins que moi. Elle arrivait un matin, je l'emmenais dans les vignes pour faire diversion et ses parents repartaient.

En 1968, Jean-Claude mon frère aîné s'est marié. Evelyne était là avec ma cousine Mireille et comme il n'y avait pas d'autres enfants ce jour-là, j'étais très heureuse de partager cette journée avec elles.

Quelques années plus tard, il partit s'installer à Paris avec ma belle-sœur Marie-Claire.

Elle était secrétaire de direction chez Balenciaga, parfumeur connu, et elle m'offrit mon premier parfum Ho Hang, parfum pour homme qui me plaisait particulièrement.

Mon frère Jean-Claude, Marie-Claire ma belle-sœur,
sa sœur Geneviève, Mireille et moi

Cette année-là les étudiants se rebellent contre une société qu'ils jugent à bout de souffle. Le vent de démocratie est étouffé à Prague par les chars soviétiques. La guerre s'intensifie au Vietnam.

Des leaders charismatiques (Martin Luther King, Robert Kennedy), qui auraient pu changer le monde, sont assassinés…

Jamais une année n'aura été marquée par une telle série d'événements majeurs, dont l'effet de souffle est encore perceptible aujourd'hui. J'étais très jeune et ne me rendais pas vraiment compte de l'importance de ces faits terribles, mais mes parents parlaient beaucoup d'une révolution, mai 68 bien sûr, et cela faisait peur. Ils envisageaient l'achat de sucre, de farine, de pâtes, les aliments indispensables, persuadés que nous allions être un jour en manque de nourriture.

Malgré tout, avec Evelyne on faisait du vélo, on courait dans les champs, on aidait à la moisson lorsqu'il fallait ramasser le blé. J'adorais cette période. Même si on ne partait jamais avec mes parents c'était pour moi de vraies vacances.

On fabriquait des parachutes avec des sachets plastiques. On les coupait en rond, on faisait un petit trou tout autour pour pouvoir passer des morceaux de ficelle qu'on nouait en bas. On s'installait à la fenêtre de ma chambre pour les jeter le plus haut possible. Ils tournoyaient, se balançaient et descendaient. Chacune à notre tour, on les renvoyait dans les airs. Parfois ils restaient accrochés dans le grand kaki.

On récupérait une gaule pour les noix et on décrochait le fameux parachute, pour mieux recommencer.

On chassait aussi les papillons avec un filet. Une multitude de papillons citron, de bronzés noir et orange, d'Argus bleu, de Machaons et d'autres encore. On les attrapait, les examinait, les relâchait et on recommençait.

Il paraît que les papillons blancs signifient également la présence de nos proches qui sont déjà partis pour l'au-delà et qui sont là pour nous protéger et nous guider. Je n'y crois pas vraiment, mais je trouve que c'est joli.

Et les hannetons, ne pas oublier les hannetons. Mes copains les capturaient pour les enfermer dans des boîtes et leur attacher un fil à la patte.

Je n'en ai jamais capturé, je fabriquais de petites maisons en carton pour les regarder et je les laissais s'envoler. Ils sortaient en fin de journée. Je leur chantais une petite chanson lorsqu'ils étaient très nombreux et envahissaient notre espace.

Hanneton vole vole
Hanneton vole donc !
Marguerite est à l'école
Elle a dit que tu t'envoles
Hanneton vole vole
Hanneton vole donc !

Au printemps j'imaginais un peintre avec son pinceau dans les champs remplis de couleurs avec les violettes bleues, blanches, les primevères et les coucous jaunes qui doivent leur nom à l'arrivée du coucou (l'oiseau) en Europe pendant la floraison. Cette fleur est très parfumée et son suc est délicieux. Elle a des vertus diverses, en tisane elle permet de lutter contre les insomnies.

Mes frères cueillaient ces jolies petites fleurs pour les mettre dans une casserole avec de l'eau et les transformer en infusions. C'était pour nous, pour nous faire plaisir.

Dans l'épicerie près de l'école j'achetais des coquillages, des roudoudous.

Lorsqu'ils étaient vides, Gilbert faisait réduire du sucre avec de l'eau dans une casserole pour en faire du caramel et remplir de nouveau les coquillages vides.

La troisième année, avant de partir, Evelyne a voulu que je coupe ses cheveux très courts alors qu'ils étaient très longs… on avait conscience de faire une grosse bêtise.

Par peur d'une punition, on avait décidé de se cacher. La famille au complet nous a cherchées longtemps. On ne voulait plus sortir de notre cachette. Evelyne a beaucoup ri, elle était ravie de sa nouvelle coupe. Ça n'a pas vraiment plu à ses parents ni aux miens d'ailleurs, mais c'était son souhait et je l'ai respecté. Finalement en y repensant je crois savoir pourquoi elle n'est jamais revenue.

Evelyne à gauche

Les années qui suivirent, je restais seule, nous ne sommes jamais partis en vacances. Je rêvais de colonies, mais ma mère trop craintive n'a jamais voulu me laisser partir.

L'année de mes quinze ans, une famille est venue s'installer dans le hameau.

Philippe le fils unique s'ennuyait et passait des heures sur son vélo. Il venait souvent me voir et au fil du temps je suis devenue un peu comme une grande sœur. Il était plus jeune que moi de quatre ans. On s'entendait bien et dans le village où très peu de voitures circulaient on faisait des courses de vélo.

J'étais très forte à ce jeu-là, j'étais plus grande, mon vélo aussi, mais il se débrouillait bien. Ces dernières années il était très malade et un jour il nous a quittés. Triste journée quand je pense à ce gamin plein de vie, espiègle, taquin, qui me faisait beaucoup rire.

Philippe, onze ans

Fred, ma cousine…

Un jour, mon frère Gilbert décida de rendre visite à notre cousine Fred en Bretagne, et grande nouvelle de m'emmener avec lui. Je prenais le train pour la première fois.

L'aventure prenait une tournure fantastique. Mon premier voyage, un grand voyage !

On en a parlé, Gilbert a acheté les billets de train et le jour venu mon père nous a descendus à la gare de Grenoble.

Le train arriva en gare, très long, majestueux pour moi. Un coup de sifflet retentit sur le quai et nous sommes partis. Nous avons voyagé de nuit, je m'en souviens encore, j'avais la couchette du haut. Je sentais l'odeur si spéciale du cuir vieilli. Mon bagage pesait bien plus lourd qu'il n'y paraissait. Je le rangeais dans l'emplacement réservé puis m'installais. Malgré le bruit omniprésent, je réussis à m'endormir.

Enfant, ce fut mon unique expédition.

Je crois que c'était la première fois que je ne dormais pas chez moi. En tout cas si loin. Mon oncle Georges, Breton d'adoption, était le frère de ma mère.

Passer quelques jours dans la famille sans mes parents était incroyable. Moi qui n'avais jamais vu la mer, j'étais fascinée par les vagues extraordinaires qui déferlaient sur la plage. L'écume qui venait se répandre à mes pieds m'épatait.

Et puis si heureuse de revoir ma cousine qui avait habité à côté de chez moi pendant plusieurs années. Ma tante native de Bretagne avait décidé de retourner à Saint Guénolé, et mon oncle amoureux de la mer et accessoirement de ma tante avait accepté.

Du jour au lendemain ils étaient partis en Bretagne et ma cousine me manquait.

J'ai mangé pour la première fois le fameux far breton, délicieux.

Des crevettes, des moules et des huîtres sûrement pour la première fois aussi. C'était un dépaysement total.

Les cousins de la Rivoire…

Quelquefois j'allais chez mes cousins à Vif, je partageais la chambre de Mireille. J'ai lu chez eux mes premiers Tintin. À la maison je ne lisais que des livres, jamais de BD. Ma mère m'en offrait régulièrement de la bibliothèque rose et ensuite verte… Les six compagnons ou Alice détective. Un peu plus tard la bibliothèque rouge et or.

On lisait tard et lorsque l'oncle Philippe ouvrait la porte pour nous demander de dormir, on répondait oui oui… et on continuait à la lampe de poche sous l'édredon.

L'été on se baignait dans le Drac. Un jour on avait bien nagé, sauté, glissé sur du bois dans l'eau, sur des planches qui ressemblaient à des espaliers, bien rugueuses. Pour terminer la journée, on s'est planté des échardes dans le derrière. Ma tante a dû nous les enlever à la pince à épiler. On ne faisait pas les malines ce jour-là. Jolie bêtise…

Parfois l'oncle Philippe venait nous rendre visite en moto avec Mireille. Je pensais qu'elle avait beaucoup de chance, mon père ne m'emmenait nulle part. Il était toujours occupé à la maison… ou ailleurs.

Quelquefois il me déposait au Serf chez Marie-Hélène et Daniel, mes autres cousins. Roger, leur père, était le troisième frère de ma mère. Françoise ma tante était la plus moderne de mes tantes. Elle portait des robes évasées, fleuries, à la mode. Avec de jolis escarpins à talons. Il me semble qu'elle fumait.

Elle était gaie, plus copine que tante.

Mon père disait qu'il allait ramasser des champignons et moi je restais jouer chez eux.

En réalité, il ne rapportait pas souvent de champignons, mais j'aimais bien monter sur sa moto alors je ne disais rien. Pour me déposer chez mes cousins, on a parcouru cinq kilomètres et pour moi c'était une super balade. Ensuite ils ont déménagé pour s'installer au Genevrey, un petit village où j'aimais bien aller aussi. Jean-Pierre, un copain d'école et voisin de mes cousins, a épousé Marie-Hélène quelques années plus tard, et Daniel a épousé Annie, la sœur de Jean-Pierre.

Une année à l'automne j'ai contracté la rougeole, infection virale et surtout contagieuse. J'avais huit ans. Je suis restée à la maison plusieurs jours fatiguée et couverte de boutons.

Un matin, ma mère a dû s'absenter un moment. L'épicier du village voisin venait d'arriver avec son camion pour livrer des provisions.

Je suis restée seule peut-être dix minutes et j'en ai profité pour prendre une bouteille et boire au goulot un liquide foncé et sucré… du Marsala !! Ma tête était comme une voiture de course au départ, mais sans connaître l'arrivée.

Ma mère avait installé une couverture au sol pour que je puisse jouer. Je me suis allongée et quand elle est revenue je crois que j'étais un peu saoule et j'ai dormi un long moment. Elle a eu très peur.

Les conserves…

Ma mère disposait d'un superbe potager et plantait de la salade, des tomates, des radis et beaucoup d'autres légumes dont des cornichons. Elle les mettait en pot dans du vinaigre. J'allais en cachette ouvrir le placard aux conserves et j'en mangeais un, puis un autre, encore un et elle s'en rendait toujours compte.

Elle ne disait rien, elle savait que c'était mon péché mignon comme le sandwich à la moutarde. Je pense même que ça l'amusait.

Du printemps à l'automne, elle passait beaucoup de temps dans son jardin pour arracher les mauvaises herbes qui s'obstinaient à pousser, arroser, planter, cueillir et toujours arroser.

Ensuite l'été on devait ramasser et écosser les haricots, les verts, les blancs, mettre en bocaux les pêches, les poires, les cerises, les abricots et tous les autres fruits. Elle stérilisait tout ce qu'elle pouvait, et l'hiver elle n'achetait ni fruits ni légumes. Et la confiture, ne pas oublier les confitures de groseille, de framboises, de cassis, de prunes jaunes, rouges, les gros pruneaux.

C'était beaucoup de travail, je n'avais pas toujours envie de participer, mais il faut reconnaître que c'était très agréable de manger les délicieuses confitures préparées par ma mère.

Lyon, les copains…

À l'âge de treize ans, je suis partie quinze jours à Lyon pour me faire opérer des yeux, plus précisément des paupières, car la gauche était plus basse que la droite, petit cadeau de ma grand-mère paternelle. Ma mère m'apportait des cornichons. C'était mon dessert.

Je partageais une chambre avec une fille de seize ans, Laurence, et nous avons sympathisé de suite.

Une très jolie fille, de longs cheveux blonds et de beaux yeux bleus. Quelques années plus tard, j'assistais à son mariage. Deux garçons plus âgés que nous occupaient la chambre voisine, je suis tombée amoureuse de l'un d'eux, et Laurence de l'autre.

On dit que l'amour de jeunesse ne dure qu'un temps, ce qui s'est vérifié avec ce garçon, mais parfois un amour de jeunesse dure toute la vie !!!

Gérard avait de graves problèmes et petit à petit il a perdu la vue. Pendant l'hospitalisation nous étions soit dans une chambre, soit dans l'autre au grand désespoir des médecins qui nous cherchaient en permanence pour les soins. Nous étions toujours ensemble, tous les quatre.

On jouait aux cartes, on écoutait de la musique, un peu fort peut-être, mais on mettait de l'ambiance et nous étions devenus les chouchous du service. Ala fin de mon séjour je suis rentrée en train avec ma mère qui était venue me récupérer. J'étais tellement triste de quitter mes amis et en même temps tellement heureuse, car certains élèves allaient enfin arrêter de m'appeler la loucheuse alors que je ne louchais pas. Ma paupière était simplement plus basse que l'autre. Cette opération a changé la vision de ma personne.

Avec Gérard nous sommes devenus très proches en peu de temps et pendant plusieurs années nous avons correspondu. Plus tard il a perdu la vue et m'écrivait en braille.

Chaque caractère braille est en fait formé d'une combinaison de six points par cellule. Il m'avait copié l'alphabet qui me permettait de traduire ses courriers. De mon côté je répondais et sa sœur lui lisait mes lettres.

Au fil du temps nos courriers se sont espacés et nous avons cessé de correspondre. Se souviennent-ils de nos fous rires et des cornichons que nous mangions en jouant aux cartes ?

À mon retour de clinique j'ai eu un accident en mobylette avec mes copains et copines d'école. Nous étions un groupe, on faisait les fous le long de la Gresse, sur la digue, à Vif.

On revenait de la piscine, on parlait, on riait, on zigzaguait, j'ai regardé derrière moi et lorsque je me suis retournée j'ai heurté un vélo et je suis tombée. La mobylette s'est renversée sur ma jambe et m'a brûlée, j'avais les genoux et les bras écorchés et je ne pouvais plus marcher. Ma mob ne roulait plus, quelle catastrophe !!!

Mes copains ont dû me raccompagner chez moi, je craignais la réaction de mon père… je n'étais pas fière, car je n'avais pas le droit d'aller jusqu'à Vif.

Finalement tout s'est bien passé, il était encore au travail, et ma mère était ravie de me voir rentrer, amochée, mais entière.

Dans la chute j'ai égaré un bracelet.

Mon père voulait absolument retourner sur le lieu de l'accident pour le chercher. C'est Dominique ma future belle-mère qui me l'avait offert. J'ai menti sur le lieu, car je n'avais pas l'autorisation d'aller à la piscine de Vif en mobylette.

Nous avons cherché un bon moment à un autre endroit. Rien trouvé, bien évidemment, ce qui a beaucoup fait rire mes copains lorsque je leur ai raconté l'histoire.

Un autre après-midi, toujours à Vif en mobylette, j'allais rejoindre les copains à la piscine. Ce jour-là, j'avais une mini-jupe jaune avec un chemisier fleuri en voile. Mon souvenir est très précis dans ma mémoire.

Une guêpe est rentrée sous mon chemisier et m'a piquée trois fois dans le dos. J'avais envie de hurler tellement la douleur était intense. J'ai zigzagué et réussi à m'arrêter juste à temps. J'ai failli embrasser un platane. C'était horrible et depuis ce jour je peux certifier que la piqûre d'une guêpe est douloureuse, mais trois piqûres c'est atroce.

Dans le groupe de copains, deux garçons m'intéressaient particulièrement.

Vincent, d'origine espagnole, de magnifiques cheveux bruns, longs, style Frédéric François, et Bonaventure grand blond, style Mike Brant.

Ils me draguaient tous les deux et je trouvais ça rigolo.

Pour leur plaire, je me faisais bronzer dans la cour près du jardin. J'étalais du papier journal et m'allongeais dessus. J'utilisais le journal local le Dauphiné Libéré. À l'époque le format était très grand et avec 3 ou 4 doubles pages, j'avais une serviette de bain.

Ça amusait ma mère qui me disait :

— Avec la chaleur et la transpiration, on va pouvoir lire les infos sur ton dos.

J'avais 15 ans et nous étions tous les trois élèves de la même classe au collège de Vif. Pendant les cours je voyais bien qu'ils me regardaient discrètement, même s'ils plongeaient la tête sur leur livre lorsque je regardais dans leur direction.

C'était deux amis et c'était à celui qui en ferait le plus pour moi. On se retrouvait avec la bande à la piscine de Vif, et aux boums organisées dans une grange à Varces.

C'est sûr qu'on les attendait avec impatience, ces boums avec des slows, et encore plus avec les quelques secondes d'extinction des lumières. On dansait sur « pour un flirt avec toi » de Michel Delpech.

Les parents nous laissaient aller si nos résultats à l'école étaient bons, on ne devait pas rentrer tard, et pas d'alcool.

Ce fut un bel été, mais à la rentrée ils ont déménagé. Cette romance n'aura duré que le temps de vie d'un coquelicot. Une page venait de se tourner.

À cette époque, mon frère avait son appartement, le dimanche midi il venait déjeuner à la maison. Parfois il m'emmenait voir un film au cinéma à Grenoble. On allait aussi à la patinoire avec Gaby, il nous déposait et revenait nous chercher, c'était chouette. Je me débrouillais bien. Enfin, il me semble.

Un jour Dominique, la voisine préférée de mon père nous avait accompagnées Arlette et moi au cinéma. Ses parents avaient accepté après maintes demandes, mais le film étant long, nous n'avons pas pu voir la fin. C'était Ben Hur qui durait 3 h 30. Dominique avait peur de se faire disputer en rentrant. Moi j'étais très déçue.

Elle m'emmenait souvent à Grenoble dans les boutiques de vêtements. Mais elle avait une très mauvaise habitude.

Elle aimait les magasins de sous-vêtements et m'achetait des pantys en dentelle. C'était très à la mode, elle m'en offrait un ou deux et en mettait au moins deux dans son sac.

Au restaurant, elle emportait régulièrement une fourchette, une cuillère ou une salière.

Quelquefois j'avais honte et peur qu'elle se fasse prendre, et moi avec. Elle aimait bien sortir d'un magasin ou d'un restaurant avec un ou deux articles, sans payer.

Son mari était directeur et gagnait très bien sa vie, mais c'était sa petite manie. Parfois j'imaginais qu'elle se faisait arrêter et qu'il venait nous chercher à l'hôtel de police.

Mon premier job…

En avril 71, j'ai eu 14 ans et j'ai décidé de travailler l'été pour avoir de l'argent de poche.

Grâce à ma mère qui avait son coiffeur attitré à Grenoble, je trouvais mon premier job d'été au sein d'un grand salon.

Je rinçais les couleurs, je balayais des cheveux blonds, noirs, châtains, je shampooinais des têtes à longueur de journée, et j'avais de bons pourboires.

En fin de mois le patron me donnait une enveloppe avec mon salaire en petites coupures. L'année suivante je fis embaucher ma copine Gaby.

Mais je compris rapidement que c'était parfait pour l'été, mais que je ne serais jamais coiffeuse. Je ne trouvais rien de passionnant à coiffer des têtes ou à couper des cheveux.

On prenait le bus pour rentrer chez nous et en attendant on se baladait toutes les deux à Grenoble, dans cette grande ville. Quelle joie de se sentir libre et indépendante ! C'était merveilleux.

Cette année-là, Annie Girardot jouait dans le film « Mourir d'aimer » une belle histoire d'amour et bien sûr l'incroyable Love Story qui nous a fait verser des torrents de larmes.

L'année de mes 16 ans, j'étais en 3e et j'ai décidé d'arrêter l'école.

Mon professeur principal a beaucoup échangé avec moi, car j'avais décidé de ne pas me présenter le jour du brevet des collèges, par provocation peut-être.

Au grand dam de mon professeur, je n'avais personne pour me conseiller.

Je restais sur mes positions. Je n'ai jamais accepté le fait de redoubler en primaire pour une histoire de bus et parce qu'il fallait deux enfants dans le village pour avoir droit au transport scolaire, cette raison tellement injuste.

Nous avons arrêté les cours début juin pour réviser. Ce mois-là le gangster Jacques Mesrine s'évade du palais de justice de Compiègne en faisant usage d'une arme à feu.

Trois mois après, le poète, écrivain et homme politique chilien Pablo Neruda, prix Nobel de littérature en 1971, meurt. Les circonstances de sa mort, maladie ou assassinat, font débat. Suivi malheureusement par le pilote automobile français François Cevert, lors des essais qualificatifs du Grand Prix des États-Unis. Avec Gaby, ma copine, nous avions des posters de lui, nous étions un peu amoureuses de ce beau pilote. Ce jour-là, on a pleuré.

Je lisais beaucoup à l'ombre du grand tilleul, je suivais les aventures de Zambla et Bleck le Roc. C'était l'histoire d'un trappeur (un chasseur nord-américain) d'origine française qui combattait les troupes anglaises qui occupaient l'Amérique avant que ce pays n'accède à son indépendance. J'étais passionnée par ses exploits. Je pense que j'étais la seule fille à lire des aventures pour garçons.

Le jour J, je suis restée chez moi. À la surprise générale.

Les professeurs et mes amis pensaient que je changerais d'avis. Par principe, par révolte, il n'en était pas question.

J'avais décidé de leur faire payer l'injustice dont j'étais victime.

Mes parents n'ont rien dit, ils passaient beaucoup de temps à se disputer. Je pense qu'à l'époque, ils n'ont pas vraiment réalisé ce qui se passait. J'avais 16 ans, le droit de travailler, et grâce à une connaissance j'ai intégré un cabinet juridique à Grenoble, en tant que sténodactylo.

Ma vie d'adulte commençait.

Anita… et F…

À Vif j'avais une très bonne copine Anita. J'aimais beaucoup aller chez elle, mais j'y allais souvent à reculons, car ses parents étaient témoins de Jéhovah. Elle-même ne comprenait pas tout, le dimanche, sa mère allait dans un lieu de culte et son père… au bar.

Il me branchait souvent sur cette religion, qui pour moi ressemblait davantage à une secte.

Il me disait :

— Nous les témoins de Jéhovah nous allons survivre à la fin du présent système, et entrer dans un monde nouveau. Un monde de pureté et de justice, un monde sans fin et nous aurons la vie éternelle.

— Et tous les autres vont mourir ?

— Oui c'est exactement ça. Tu devrais te convertir sinon tu vas mourir.

Je ne croyais pas un mot de ce qu'il racontait, mais il me faisait peur.

Anita me disait :

— Ne l'écoute pas, mon père est fou.

C'est à ce moment-là qu'Anita me présenta F., un copain, celui qui allait devenir le père de mon premier enfant.

Il avait eu un grave accident de voiture. Sa fiancée était morte et il était déprimé. Il ne conduisait pas, il n'avait plus de permis de conduire.

Chez moi mes parents étaient constamment en guerre.

C'était des disputes quotidiennes, ils en venaient parfois aux mains et moi au milieu j'étais perdue. Mon seul désir était de fuir.

Et le destin, qui par nature décide souvent de frapper à la porte quand on s'y attend le moins, allait changer ma vie.

Je commençais donc une relation avec F. J'avais 16 ans et demi. Nous nous sommes fiancés très rapidement et quelques mois plus tard j'ai rompu nos fiançailles, j'avais l'impression que nous n'avions rien en commun. Et puis il m'a prié et supplié de revenir. J'ai finalement cédé. L'année de mes 17 ans, mon frère aîné qui habitait Paris pouvait se rendre disponible l'été. Je voulais qu'il assiste à mon mariage. Je me suis donc mariée un peu précipitamment. C'était la seule façon de ne plus rien voir, de ne plus rien entendre. Mais c'était une erreur dont j'allais mesurer la force assez rapidement.

Pendant les préparatifs du mariage, tout allait bien, mes parents ont fait des efforts. Ils se parlaient, se comportaient comme des gens civilisés. Ils donnaient le change.

Le mariage a eu lieu en août 1974, c'était une belle journée.

Ma grand-mère était partie habiter chez mon cousin Daniel, à Grenoble. Elle avait pris froid à l'automne précédent et avait du mal à guérir.

Ce jour-là, nous sommes allés lui rendre visite. Elle voulait me voir dans ma robe de mariée. Elle était ravie.

Avec F. nous sommes partis en voyage de noces en Italie. Mauvais souvenir pour moi, je ne connaissais pas sa famille et ne parlais ni ne comprenais l'italien. Sa famille n'était pas très sympathique et j'avais hâte de rentrer.

À notre retour, mes parents ne s'adressaient déjà plus la parole.

C'est à ce moment-là que ma mère a décidé de quitter mon père. Elle était restée pour moi, alors que moi j'aurais préféré qu'elle parte bien avant.

De mon côté, j'ai vite déchanté. Nous n'avions vraiment rien en commun avec F., mais avons décidé d'avoir un enfant. Il paraît que ça rapproche. Quelle ineptie !! Quand ça ne va pas, ça ne va pas, même avec un enfant, et surtout avec un enfant.

J'avais ma voiture et je travaillais en ville dans un cabinet juridique.

F. qui était jaloux me menait la vie dure, il avait récupéré son permis de conduire et empruntait ma voiture les fins de semaine pour aller pêcher, chasser ou jouer aux boules avec ses copains. Je restais seule avec notre fils, sans moyen de transport. Je me concentrais sur mon rôle de mère pour oublier.

Une violence silencieuse s'installa entre nous et je décidai de le quitter. J'ai affronté ses menaces de mort et tout ce qui va avec.

Entre-temps mes parents s'étaient séparés. Je suis restée une bonne année sans voir mon père. Je lui en voulais d'avoir abandonné ma mère. David était né et mon père ne l'avait encore jamais vu.

Mon frère Gilbert et mon père étaient près de moi et j'ai surmonté ma peur. Quatre ans après notre rencontre, j'étais libre… C'était plus compliqué avec ma mère.

Elle s'identifiait à F. et m'en voulait de cette séparation qui était pour moi une libération. Plus tard elle a compris et nous nous sommes rapprochées à la naissance de mon fils Sébastien.

Je me sentais libérée d'un énorme poids.

Je ne savais pas encore ce que je voulais, mais je savais ce que je ne voulais plus.

Plus tard mon cerveau a fait un blocage pour éviter que les démons du passé ne se réveillent et c'est très bien ainsi.

Le décès de la mémé…

Un soir mon père est venu frapper à ma porte pour m'annoncer le décès de ma grand-mère Bouvier, la mémé. Il avait appris que son petit-fils était né, mais ne l'avait encore jamais vu.

Ce fut un choc et je regrettais le silence qui s'était installé entre nous. Mon père était désespéré. J'ai compris que je n'avais pas mon mot à dire concernant la séparation de mes parents. C'était leur histoire. Les enfants n'ont pas à juger. C'est parfois difficile, on veut toujours les savoir heureux et personne n'aime voir ses parents séparés, mais lorsque la séparation est inévitable on doit composer avec.

Pour notre bonheur, et surtout pour le leur.

Quelques années plus tard, alors que mon père avait refait sa vie, ils ont commencé à se voir en cachette. Mon père rendait régulièrement visite à ma mère, alors qu'il vivait avec Dominique. Je pense qu'ils n'ont jamais cessé de s'aimer. Aujourd'hui ils ne sont plus là, ma mère est décédée en 2008 et mon père en 2017.

Entre-temps j'ai eu mon premier fils David en 1976. J'ai avec lui cinq petits-enfants… Cassandra, Clara, Chloé, Lukas et Nathan… et une arrière-petite-fille Laya.

Quelques années plus tard, j'ai rencontré Rolland, le père de mon deuxième fils Sébastien, né en 1983. Nous sommes restés dix-sept ans ensemble et puis nos chemins se sont séparés.

Nous sommes restés amis et nous passons les fêtes et anniversaires en famille.

Aujourd'hui Sébastien est avocat, je suis très fière de son parcours, très fière de lui. Il est en couple avec Elodie, infirmière et adorable belle-fille.

Je suis de nouveau grand-mère d'une belle petite Anaé qui va avoir six ans le 29 décembre.

J'ai une deuxième adorable belle-fille, Alexia, 26 ans, la fille de Pierre, mon mari.

Nous sommes ensemble depuis 24 ans, et mariés depuis 14 ans. Nous habitons une grande maison à la campagne, près de mon frère Gilbert, près de notre maison de famille.

Après avoir été assistant familial, après m'avoir rejointe dans mon métier, Pierre est à la retraite depuis l'été dernier. L'heure de la retraite a aussi sonné pour moi.

En ce qui concerne F. je pensais qu'il n'éteindrait pas mon étincelle de vie et que le meilleur restait à venir. Je voulais faire de mes rêves une réalité, en tout cas j'allais essayer.

Est-ce que j'aimerais changer quelque chose ? Peut-être, mais changer serait renier le réel de mon enfance. La vie est telle qu'elle est. On se construit à partir de ce qui arrive.

Finalement, avec le recul, je me rappelle des périodes difficiles. Mais ce ne sont pas ces moments qui font de moi ce que je suis.

Ce n'est pas ceux auxquels je pense quand je vais me coucher. Ce n'est pas ceux-là qui me reviennent au détour d'une discussion, d'une réunion de famille.

Les souvenirs sont la preuve qu'on a un passé. Ils constituent notre identité.

Parfois ils étonnent notre famille ou nos amis qui ont des souvenirs très différents de nous.

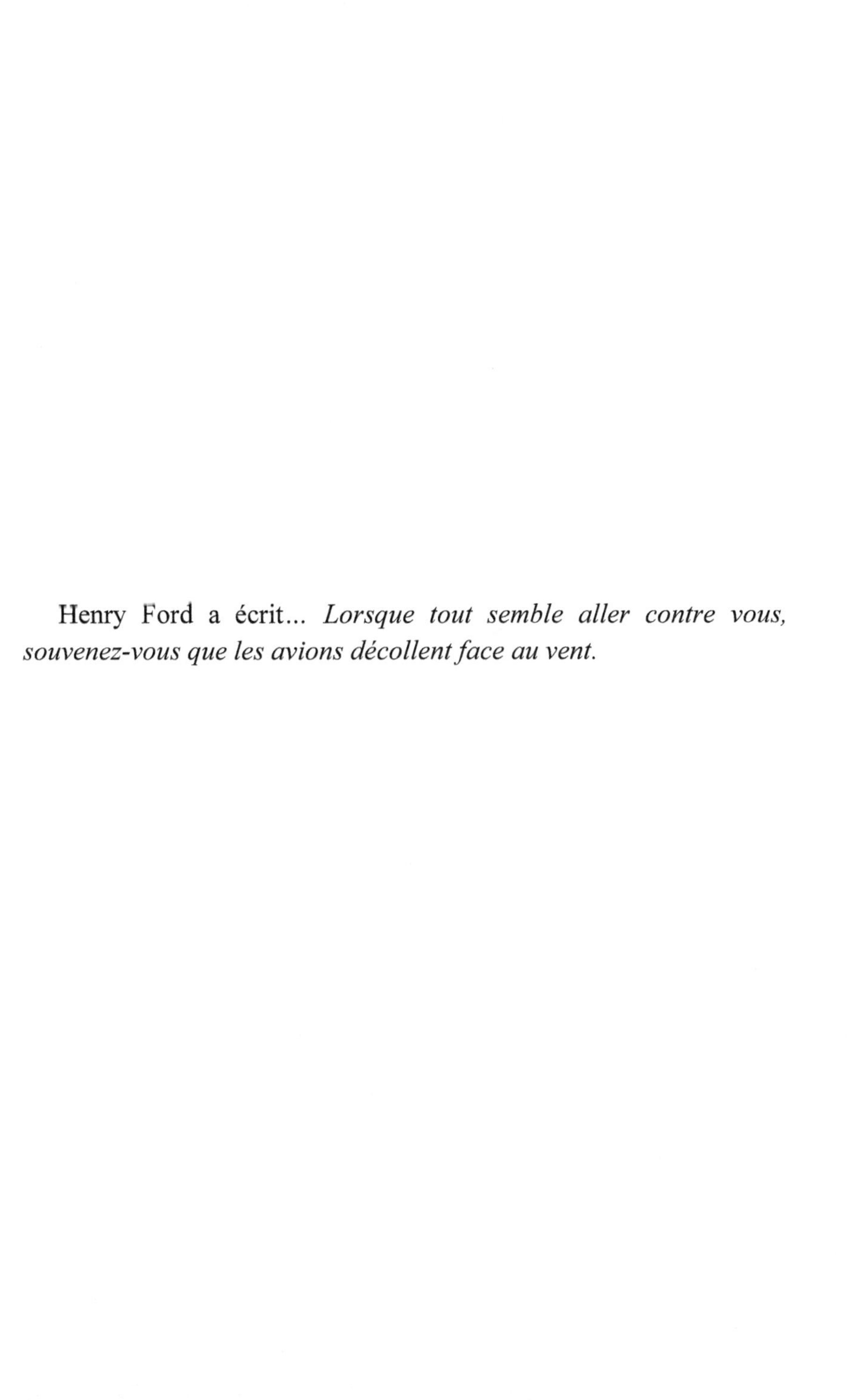

Henry Ford a écrit... *Lorsque tout semble aller contre vous, souvenez-vous que les avions décollent face au vent.*

Imprimé en Allemagne
Achevé d'imprimer en novembre 2023
Dépôt légal : novembre 2023

Pour

Le Lys Bleu Éditions
40, rue du Louvre
75001 Paris

www.ingramcontent.com/pod-product-compliance
Lightning Source LLC
Chambersburg PA
CBHW062344010826
49168CB00024B/249

* 9 7 9 1 0 4 2 2 1 3 1 5 2 *